ARTHUR SCHOPENHAUER

ENSAYOS SOBRE RELIGIÓN, ESTÉTICA Y ARQUEOLOGÍA

AF273756

Editorial
maxtor

Diseño, maquetación e impresión:
Gráficas MAXTOR
Fray Luis de León, 20
47002 Valladolid
Tel.: 983 090 no
pedidos@maxtor.es
www.maxtor.es

I.S.B.N. : 978-84-1171-060-2

Depósito Legal : DL VA 288-2024

Índice

Arthur Shopenhauer

Este filósofo alemán nacido en Gdansk, actual Polonia, es considerado uno de los más brillantes del siglo XIX y de los más influyentes de la filosofía occidental. Uno de los primeros en proclamarse ateo, y máximo representante del pesimismo filosófico. Él mismo se consideraba autor de una sola obra, *El mundo como voluntad y representación*, teniendo todo el resto de su bibliografía como ampliaciones de esa publicación.

Su padre fue un próspero comerciante que le inició en el mundo empresarial, haciéndole emprender largos viajes por Francia e Inglaterra. Su madre fue una escritora de cierto éxito que organizaba veladas literarias en Weimar, en las que un joven Arthur tuvo la oportunidad de conocer a grandes personalidades culturales del momento, como Goethe o Wieland. A pesar de eso, el carácter hosco del joven chocaba con la actitud extrovertida y jovial de su madre.

El fallecimiento de su padre, presumiblemente por suicidio debido al miedo por perder su fortuna y arruinarse, pudo ser el origen del pesimismo que caracterizó a Schopenhauer. Siempre tuvo buena relación con su padre, y consideraba que la independencia económica de la que gozó gracias a él fue lo que le permitió dedicarse a su verdadera vocación. Abandonó el mundo del comercio para dedicarse a estudiar

Fue introducido a la filosofía hindú por el orientalista Friedrich Majer, y la fusionó con las enseñanzas clásicas de Platón, y las occidentales de Kant, formando así su propio sistema, que quedó plasmado en su obra capital. Otros autores de gran devoción para Schopenhauer fueron los españoles Francisco Suárez y Baltasar Gracián, a quien tradujo al alemán, y a quien leía y citaba siempre en castellano.

Decidió dedicarse a la docencia en la Universidad de Berlín, y según el propio autor, su examen de admisión estuvo marcado por su confrontación con el también filósofo Hegel, miembro del tribunal. Tras apenas seis meses abandonó su fugaz trayectoria como profesor, y años después se mudaría a Frankfurt huyendo de una epidemia de cólera; epidemia que se cobraría la vida del propio Hegel.

Allí, en Frankfurt, vivió una vida apacible y recluida durante los últimos 28 años de su vida. En esa época publicó una serie de ensayos y revisiones ampliadas de su obra magna, lo que le ganó el merecido reconocimiento y renombre que nunca antes tuvo.

Capítulo I · Sobre religión

1

Un diálogo

Demófeles.—Dicho sea entre nosotros, mi querido y antiguo amigo, no me agrada que ofendas muchas veces a la religión con sarcasmos, y a veces con lugares comunes que han hecho tu renombre filosófico. La fe de cada uno es sagrada para él, y, por consiguiente, también debe serlo para ti.

Filaletes. — *¡Negó consecuentiam!* No veo por que yo, en atención a la simpleza de otro, deba tener respeto a la mentira y al engaño. Yo debo honrar sobre todo a la verdad, y, por consiguiente, nada de lo que le sea contrario. Mi divisa es: *rigeat veritas, et pereat munclus*, en contraposición a los jurisconsultos: *fiat justitia, et pereat mundus*. Cada facultad debe tener una divisa análoga.

Demófeles. — Así, pues, la de los médicos vendría a ser: *fiant pilulae et pereat mundus*, lo cual habría de llevarse a efecto fácilmente.

Filaletes.—¡Válgame Dios! Todo *cum grano salis*.

Demófeles. — Muy bien: por eso quiero también que la religión se comprenda y se practique *cum grano salis*, que se satisfaga la necesidad que el pueblo siente de una concepción adecuada a su inteligencia. La religión es el único medio de hacer palpable y visible la alta significación de la vida al tosco sentido y la torpe inteligencia de la multitud engolfada en trabajos viles y ocupaciones materiales. Porque los hombres, según son por regla general, no aspiran primitivamente a otra cosa que a la satisfacción de sus necesidades y concupiscencias físicas, y, por consiguiente, a la conservación y al placer. Los fundadores de religiones y los filósofos vienen al mundo para disipar su ignorancia e interpretar el sentido de la existencia: los filósofos, para los pocos, para los escogidos; los fundadores de religiones, para los muchos, para la humanidad en conjunto. La religión es la metafísica del pueblo, que debe dejársele absolutamente y por eso debe respetarse en el exterior; porque desacreditarla equivale a admitirla. Así como existe una poesía popular, y en los proverbios una filosofía popular, así debe existir también una metafísica popular, porque los hombres exigen a toda costa una explicación de la vida, y ésta debe ser proporcionada a su concepción; Por eso es siempre una interpretación alegórica de la verdad, y viene a producir, en el aspecto práctico y sentimental, esto es, como norma para el trato social y como consuelo y sosiego en vida y en muerte, el mismo efecto que la verdad, si bien lo consideramos. No hay obstáculo alguno en su forma intrincada, barroca y especiosamente paradójica; porque tú, en tu educación y sabiduría, no puedes imaginar qué esfuerzos se necesitan para hacer llegar al pueblo, en su torpeza, estas verdades. Las diversas religiones son únicamente diversos esquemas, en los cuales el pueblo percibe y se representa por sí mismo la verdad inaccesible con la cual está indisolublemente unido. Por eso, querido, siempre me parece mal burlarse; cosa mezquina e injusta al mismo tiempo.

Filaletes. — Pero ¿no es igualmente mezquino e injusto desear que ninguna otra metafísica más que ésta deba satisfacer las necesidades intelectuales del pueblo y que sus doctrinas deban ser la meta del progreso humano y la norma de todo pensamiento, de suerte que también la metafísica de los pocos y de los elegidos, como tú la llamas, deba servir para la ratificación, confirmación y explicación de aquella metafísica del pueblo; que, por consiguiente, la facultad más noble del espíritu humano quede sin utilizarse y sin desarrollarse, para que no choque acaso su actividad con aquella metafísica del pueblo? ¿Y por qué se da otra base a las aspiraciones de la religión? ¿Está bien que el que predica la tolerancia, y hasta el delicado respeto, lleve en sí la intolerancia y hasta la falta de respeto? ¡Pongo por testigos la Inquisición, las guerras religiosas y las cruzadas, la cicuta de Sócrates y la hoguera de Bruno y de Yanini! Y eso ha pasado ya hoy día; lo cual puede estar más en consonancia con los nobles esfuerzos filosóficos, la investigación desinteresada de la verdad, que aquella metafísica convencional, sostenida por el monopolio del Estado, cuyos estatutos se inculcaban en todas las inteligencias en edad temprana, tan ardiente, tan honda, tan firmemente que, si no es por milagrosa elasticidad, se graban indeleblemente, por lo cual su razón se deshace de una vez de este concepto, es decir, su débil actividad para el propio pensamiento y el juicio independiente respecto a todo lo relacionado con eso, se tulle e impide.

Demófeles.—Propiamente eso equivale a quitar a las gentes una convicción, que no quieren abandonar para que acepten la tuya.

Filaletes.—¡Oh, si la convicción estuviese basada en el conocimiento! Se alcanzaría con motivos, y nosotros saldríamos al campo de batalla a pelear con iguales armas. Solo que las religiones se basan explícitamente, no en la convicción por motivos, sino en la fe con revelaciones. Para esta última, la actividad sólo ha de robustecerse en la infancia: por eso es de todos conocida como la que domina esta tierna edad. De aquí que las doctrinas de la fe arraiguen más que nada por las amenazas de castigo y promesas de recompensa. En efecto: si a los hombres, en la primera infancia, se les exponen conceptos fundamentales y teorías con solemnidad desusada, y con la traza de la más grave severidad que hasta entonces han visto, la posibilidad de una duda sobre ella se disipa por completo, o sólo se toca incidentalmente para considerarla como el primer paso para una ruina eterna; por eso la impresión es tan honda que, por regla general, es decir, en casi todos los casos, los hombres son tan incapaces de dudar de aquellas doctrinas, como de su propia existencia; por eso entre muchos millares de personas apenas una posee libertad de espíritu para interrogarse seriamente y sinceramente:¿no es verdad?

Por eso se llama muy propiamente a los que tienen esta facultad espíritus fuertes. Para los demás no existe absurdo o escándalo a que no presten la fe más firme en su interior, si se les inocula en esa forma. Por ejemplo, que sea el suplicio de un hereje o de un incrédulo, o la parte esencial de la futura resurrección de las almas; así casi todos hacen consistir en esto el interés principal de su vida, y encuentran su consuelo y sosiego en la muerte por el recuerdo de la felicidad; como verdaderamente en otro tiempo casi todos los españoles consideraban un auto de fe como un acto útil y agradable a Dios; de lo cual encontramos un caso semejante en la India, donde, en la primera de las ejecuciones numerosas, los ingleses suprimieron la comunidad religiosa de los *thugs*, cuyos miembros justificaban con eso su religiosidad y el culto de la diosa Kali;—en cualquier ocasión, asesinaban a sus propios amigos y compañeros de viaje para apoderarse de su hacienda, y estaban muy afirmados en la opinión de prestar con eso un servicio y hacer algo muy laudable y útil para su salvación eterna. Tan grande es la fuerza de los dogmas religiosos inculcados en temprana edad, que tienen la facultad de oscurecer la conciencia, y, por último, toda la compasión y toda la humanidad. Tú quieres lo que la temprana inoculación de la fe obra con el propio juicio y en lo que le rodea; así ocurre con los ingleses. Mira a estos, favorecidos por la naturaleza más que todos los demás, con inteligencia, ingenio, buen discernimiento y energía de carácter, en mayor grado que todas las naciones restantes, vedlos profundamente menospreciados entre todos los demás; más aún, se han hecho sinceramente despreciables, por su estúpida fe en la Iglesia, que, entre todas sus restantes cualidades, aparece una idea fija, una monomanía. Sólo tienen, que agradecer que la educación está en manos de los clérigos, que se toman la molestia de exponerles en su primera juventud todos sus artículos de fe, que conduce a una especie de parálisis parcial del cerebro, y conserva durante toda la vida el fanatismo estúpido, por el cual las restantes personas de gran inteligencia y recto juicio se degradan entre ellos, y nosotros les juzgamos completamente equivocados. Pero si consideramos, como es esencial para las obras maestras, que la inoculación de la fe se verifica en la más tierna infancia, nos parecerán las misiones, no sólo el ápice de la inoportunidad, la arrogancia y la impertinencia humanas, sino también una cosa absurda, hasta el punto de que no se limitan a los pueblos que todavía se encuentran en el estado de la infancia, como son los hotentotes, cafres, insulares del Sur, y otros semejantes, donde han tenido también en consecuencia un éxito grande; sino que, mientras en la India los brahmanes recompensan las insinuaciones de los misioneros con sonrisas humillantes de aprobación, o con un encogimiento de hombros, pagados en la misma moneda, y, generalmente, entre estos pueblos estiman en poco el cómodo recurso; las tentativas de catequesis hechas por los misioneros se propagan universalmente.

Un relato auténtico de 1826, contenido en el volumen XXI del *Asiatic Journal*, hace saber que, después de la actividad desplegada durante tantos años en la India por los misioneros, en toda ella (en la cual sólo las posesiones inglesas comprenden más de 115 millones de habitantes) no podían encontrarse más de 300 convertidos vivos, y al mismo tiempo se declara que los convertidos cristianos se distinguían por la inmoralidad exterior. Hasta hubo trescientas almas venales, compradas, entre tantos millones. Que desde aquella época le vaya mejor al Cristianismo en la India, no lo veo en parte alguna; la catequística inglesa universal funda escuelas, no obstante, con arreglo al convenio, para instruir a los niños en sus opiniones, para propagar el cristianismo, por lo cual el indio está en guardia con gran celo. Porque, como dijimos, sólo la infancia, no la edad madura, es la época de la sementera para que germine la fe; pero no cuando arraigue ya más adelante; la *convicción* que fingen los convertidos adultos sólo es, por regía general, el disfraz de un interés personal. Precisamente porque se comprende que esto, y no otra cosa, puede suceder, generalmente un hombre que muda de religión en edad madura es mirado con desprecio por los demás; sin embargo, con eso ponen de manifiesto que ellos siguen la religión, no por motivo de persuasión racional, sino solamente por la fe inculcada en tierna edad y exenta de toda prueba. Y no sólo la ciega muchedumbre creyente, sino también el sacerdocio de cada religión, que, como tal, ha estudiado por sí mismo los orígenes y bases de los dogmas y controversias, en todos sus miembros se adhiere fiel y fervorosamente a la religión tradicional de su patria; por eso el paso de un eclesiástico de una religión o confesión a otra es la cosa más extraña del mundo. Así vemos, por ejemplo, al clero católico plenamente convencido de la verdad de todas las cuestiones de su Iglesia, e igualmente a los protestantes de las suyas, y a ambos defender con igual celo los dogmas de su confesión. No obstante, esa persuasión sólo se ajusta al país donde cada una ha nacido; en efecto, el clero de la Alemania meridional parece convencido de la verdad del dogma católico, y el de la Alemania septentrional del protestante. Si, por consiguiente, esas convicciones sólo se basan en fundamentos objetivos, estos fundamentos deben ser climatéricos, como las plantas, que sólo brotan una aquí, otra allí. El pueblo sólo aspira a la fidelidad y creencia de estas convicciones locales.

Demófeles.—No importa; eso no crea diferencia alguna en lo esencial: por ejemplo, tan conveniente es el protestantismo al Norte como el catolicismo al Sur.

Filaletes.—Así parece. Pero yo me coloco en otro punto de vista más elevado, y aspiro a un fin más sublime, a saber: el progreso del conocimiento de la verdad en el género humano. Para esto es indispensable que a cada uno, dondequiera que haya nacido, ya en su primera infancia se le inculcasen afirmaciones conscientes, con la condición de que no se atreviese a poner en duda que peligraba su salvación eterna. En efecto: con tal que

14

las afirmaciones que forman la base de todos nuestros restantes conocimientos, en virtud de eso constituyan siempre para éstos el punto de vista, y supuesto que estas mismas sean falsas, le pierden para siempre: porque sus consecuencias influyen más tarde en todo el sistema de nuestros conocimientos, ya que por ellas el saber humano se falsea poco apoco. Esto lo demuestran todas las literaturas, y de una manera sorprendente la de la Edad Media, en particular la del siglo XVI y XVII. Vernos, pues, en todos aquellos tiempos, que hasta las inteligencias de primer orden estaban como tullidas por aquellas falsas ideas fundamentales; especialmente en cuanto que el concepto íntegro de la verdadera esencia y actos de la Naturaleza les paralizaba. Porque durante todo el período cristiano el teísmo fue como una pesadilla continua que dominaba todos los esfuerzos mentales y filosóficos y retardaba o impedía todo progreso. Dios, el diablo, los ángeles y los demonios ocultaban a los sabios de aquella época toda la Naturaleza: no se llevaba a cabo ninguna investigación; ninguna tesis se dilucidaba en sus fundamentos; sino que todo lo que estaba comprendido en el nexo causal se dejaba ventilado con aquellas personificaciones, por lo cual se pregunta uno como, en tales circunstancias, Pomponacio escribía: *certe philosophi nihil verissimile habent ad haec quare necesse est ad Deum, ad angelos, et daemones recurrere.* Este hombre puede hablar libremente de esto en tono de ironía; porque su maldad está reconocida: sin embargo, con eso ha expresado el sentir común de su época. Por el contrario, si uno tenía verdaderamente la extraña elasticidad de espíritu que capacitaba para romper las cadenas, sus escritos eran quemados, y hasta él con ellos; como les ocurrió a Bruno y a Vanini. Cómo se paralizaban completamente las inteligencias vulgares por aquella primitiva preparación metafísica, puede verse de una manera demasiado clara y ridícula cuando alguno acometía la empresa de criticar una doctrina de fe extraña. Porque se procura, por lo general, añadir cuidadosamente que los dogmas del otro no se acomodaban a los suyos propios, puesto que explicaba con gran dificultad que en aquellos no sólo no se decía lo mismo, sino que tampoco se significaba lo mismo que en los suyos. Con eso creía haber demostrado en toda su sencillez la falsedad de los dogmas de fe extraños. No se le ocurría, en realidad, hacer la pregunta de cuál de los dos podía tener razón, sino que sus propios artículos de fe eran para él principios seguros a priori. Un ejemplo palpable de esta especie lo presenta el reverendo Mr. Morrison en el volumen XX del *Asiatic Journal*, donde critica la religión y la filosofía de los chinos que es un gusto.

Demófeles.—Eso es sólo tu sublime punto de vista. Pero te aseguro que existe uno todavía más sublime. El *primum vivere, deinde philosophari* tiene un sentido muy hondo, puesto que salta a la vista. Esto se hace, ante todo, para educar los espíritus ruines e incultos de la multitud, para preservarla del error, de la crueldad, de los actos de violencia. Si con eso se quiere esperar, ya ellos reconocerán y abrazarán la verdad; así ocurre al fin y al cabo infaliblemente. Porque, notadlo bien, so encuentran ya preparados: así que penetrarán sus conceptos. A ellos se les enseña siempre solamente una interpretación alegórica de los mismos, una parábola, un mito. Debe exhibirse, como ha dicho ya Kant, un estandarte público de la verdad y de la virtud; más aún, éste debe enarbolarse muy alto en cualquier ocasión. Es al fin y al cabo indiferente cualquier emblema heráldico que se exhiba, con tal que se designe lo que es común. Una alegoría de la verdad es siempre y dondequiera, para la humanidad en conjunto, una sustitución adecuada de la misma verdad, que le es inaccesible, y sobre todo de la filosofía, que jamás será comprensible para él; no se puede negar que esto modifica su posición cotidianamente y que está reconocido comúnmente. El fin práctico, por consiguiente, es superior en todos respectos; mi buen Filaletes, al fin teórico.

Filaletes.—Esto se relaciona mucho con la antiquísima sentencia del pitagórico Timao Locro, y casi sospecho que quieres, según la moda actual, inculcarme en el alma: *todavía, buenos amigos, no ha llegado el tiempo en que podamos gozar en paz de Dios.* Y tu recomendación se reduce a que debemos tener cuidado en cualquier ocasión para poder detener con eso las oleadas de la muchedumbre descontenta y furiosa, y sentarnos a la mesa. Este punto de vista es tan falso como el que hoy gusta y se alaba comúnmente; por eso yo me apresuro a ponerme en guardia. Es falso que el Estado, el Derecho y la Ley no puedan subsistir sin el auxilio de la religión y de sus artículos de fe, y que la justicia y la política, para consolidar el orden legal, exijan como su complemento necesario la religión. Falso es eso, aunque cien veces se repita. Porque una eficaz y violenta *instantiain contrarium*, nos la proporcionan los antiguos, especialmente los griegos. En efecto, éstos no tenían lo que nosotros entendemos por religión. No conocían ningún título sagrado ni dogma alguno, que todos estuviesen obligados a aceptar y que se inculcase desde la más tierna infancia. También se predica la moral a los servidores de la religión, y, sin embargo, los curas se preocupan muy poco de la moralidad y, en general, de las acciones de las personas. ¡No les importan! El deber de los sacerdotes se reduce a las ceremonias del templo: oraciones, cánticos, sacrificios, procesiones, abluciones, etc., todo lo cual tiene por objeto no pocas veces la enmienda moral de cada uno. Antes, por el contrario, toda la llamada religión consiste solamente en que, particularmente en las ciudades, tengan templos, aquí éste, allí aquél, cada uno de los *Deorum majorum gentium*, en los cuales se les rinda el culto subvencionado por el Estado; por consiguiente, en el fondo hay una cuestión política. Ningún hombre, excepto los funcionarios en activo, debiera estar en realidad obligado, a asistir a esas cosas, ni siquiera a creer en ellas. En la más remota antigüedad no hay vestigios de que existiese la obligación de creer en ningún dogma. Sólo quien negaba públicamente la

18

existencia de los dioses o de otra manera los calumniaba era punible, porque ultrajaba al Estado, que les rendía culto; pero fuera de eso, cada cual estaba en libertad de pensar lo que quisiera respecto de ellos. Cada uno estaba en libertad de implorar privadamente el favor de aquel mismo dios por medio de oraciones o sacrificios; le está permitido hacer eso por su cuenta y riesgo: no se le hace caso; así que si no tiene por ventura ningún hombre, tiene al menos el Estado. Entre los romanos, cada cual tenía en su casa sus propios Lares y Penates, pero en el fondo sólo eran los retratos venerados de sus antecesores. De la inmortalidad del alma y una existencia después de la muerte no tenían los antiguos ningún concepto sólido, claro, por lo menos dogmáticamente establecido, sino ideas completamente ligeras, vacilantes, indefinidas y problemáticas, cada cual a su manera, y de igual modo eran diversas, individuales y vagas las ideas de los dioses.

Así, pues, *religión*, en el sentido que nosotros le damos a la palabra, no la tuvieron realmente los antiguos. ¿Ha dominado por eso entre ellos la anarquía y el desprecio a las leyes? ¿No son, por el contrario, la ley y el orden ciudadano obra suya, y no siguen siendo aún la base de las nuestras? ¿No estaba la propiedad consolidada y defendida, aunque en gran parte se componía de esclavos? Y este estado de cosas, ¿no duró por espacio de cerca de mil años? Así, pues, puedo negar el fin práctico y la necesidad de la religión en el sentido que tú le das y en que hoy día se entiende, por lo general, a saber: como un fundamento absolutamente indispensable de todo orden legal, y debo sostener lo contrario. Porque desde ese punto de vista las santas y legítimas aspiraciones a la luz y a la verdad serían quijotescas, y en ese caso debiera osarse denunciar, en defensa de su derecho, la fe en la autoridad, como el usurpador que ha tomado posesión del trono de la verdad, y que se sostiene ahí por un fraude continuo, según parece culpable.

Demófeles.—Pero la religión no está en contradicción con la verdad, porque ella misma enseña la verdad. Sólo que como su campo de acción no es un reducido circuito, sino el mundo y la Humanidad en general, según las necesidades y las opiniones de un público tan vasto y desemejante, la verdad no debe presentarse desnuda o, para emplear un símil médico, no debe darse sin mezcla esta pócima, sino que, como un monstruo, debe revestir una forma mítica. También conoces, en este respecto, ciertos productos químicos, en sí mismos gasiformes, que para el uso oficinesco, como también para la conservación o para la venta, deben someterse a una base sólida, palpable, porque de lo contrario se volatilizarían; por ejemplo, el cloro, que para todos esos fines sólo se emplea en forma de cloruro. Igualmente la realidad pura y abstracta, libre de todos los mitos, debe quedar siempre inaccesible para todos, hasta para los filósofos, porque habían de componer el flúor que por sí solo no es concebible, sino que únicamente puede encontrarse asociado a otros productos. O bien lo que pocos lo saben; sobre todo, ninguna otra cosa iguala al agua, que no es soluble sin vasija, más que la verdad mítica y alegórica explicable; pero los filósofos que persisten en eso, y que se empeñan en gozarla, se asemejan a los que rompen el vaso para tener el agua por sí sola. Acaso se sostenga así en realidad. Pero es religión la interpretada alegórica y míticamente, y por eso la Humanidad en conjunto hace la verdad accesible y fácil de digerir, porque la pura o insoluble jamás la soporta, como nosotros no podemos vivir de oxígeno puro, sino que exigimos una adición de cuatro quintas partes de ázoe. Y, para hablar sin metáfora, al pueblo sólo puede exponérsele y manifestársele simbólicamente el profundo sentido y el sublime fin de la vida, porque no es capaz de concebir esas cosas. La filosofía debe ser como los misterios de Eleusis: para los pocos, los escogidos.

Filaletes.—Ya comprendo: la cuestión estriba en cubrir la verdad con la mentira. Pero con eso se lleva a cabo una alianza que le es perjudicial. ¡Porque los que ejercen la autoridad y sirven a la falsedad como sustituta de la verdad tienen un arma peligrosa en la mano! Si así sigue eso, yo temo que lo falso saque más perjuicios que ventajas la verdad. Más aún: si la alegoría se atreve a presentarse francamente como tal, entonces ya está destruida. Sólo que impedirá todo respeto y con eso perderá toda su eficacia. Por eso debe hacerse pasar como verdadera *sensu proprio*, e interpretarse de este modo, siendo así que a lo sumo es verdadera *sensu allegorico*. Aquí se encierran todas las pérdidas incurables, el inconveniente eterno, que es el motivo fundamental de que la religión esté y haya de estar siempre de nuevo en conflicto con los sinceros y nobles esfuerzos en persecución de la verdad.

Demófeles.—Aún no; porque también se preocupa de eso. Igualmente la religión no reconoce directamente su naturaleza alegórica; así se explica suficientemente.

Filaletes.—¿Y dónde está eso entonces?

Demófeles.—En sus misterios. Misterio en el fondo sólo es el *terminus technicus* teológico para la alegoría religiosa. Todas las religiones tienen sus misterios. Propiamente un misterio es un dogma público absurdo que encierra en sí, no obstante, una sublime verdad completamente inaccesible por sí misma a la inteligencia común de la tosca multitud, que sólo se presta a este embrollo en la confianza y fe de dejarle extraviarse sin ella en el absurdo más ostensible; por eso participa de la substancia de la cuestión en cuanto le es posible. Para más explicación puedo recordar que también en la filosofía se ha intentado el empleo del misterio; por ejemplo, cuando Pascal, que era al mismo tiempo pietista, matemático y filósofo, dijo en este triple concepto: Dios es el centro de todo y la nada es la periferia. También Malebranche ha notado muy acertadamente: la libertad es un misterio. Puede sostenerse además que en las religiones todo es propiamente misterioso. Porque la verdad *sensu proprio* es absolutamente imposible de concebir para el pueblo en su tosquedad; sólo una imagen inítico-alegórica de la misma puede serle accesible e iluminarle. La verdad desnuda no es para los ojos del profano vulgo; sólo a través de un denso velo brilla para él. Por eso es una pretensión completamente injusta en una religión querer ser verdadera *sensu proprio*, y por eso, dicho sea de paso, son en nuestros días tan absurdos los racionalistas como los sobrenaturalistas, puesto que ambos parten de la suposición de que ella debe serlo, demostrando después aquellos que no lo es, y afirmando éstos porfiadamente que lo es; o de otra manera: aquellos de tal suerte merman y corrigen lo alegórico que no debe ser verdadero *sensu proprio* porque no será más que una vulgaridad; éstos, sin más preliminares, quieren afirmarlo como verdadero *sensu proprio*, lo cual no se agrega sin inquisiciones y hogueras, como ellos deben saber. Verdaderamente el mito y la alegoría son el elemento propio de la religión; pero bajo esta condición, inviolable a causa de la limitación intelectual de la gran mayoría, se satisface plenamente la necesidad metafísica de los hombres, tan indeleble, y se abre el paso a la verdad filosófica pura, tan difícil de alcanzar.

Filaletes.—¡Oh, sí, poco más o menos como una pierna de palo remeda el paso natural de uno! Se rellena, pónese, se hacen indispensables sus servicios, se pretende con eso andar como el que tiene paso natural, tan pronto se anda mucho como poco para fingir artificiosamente, etc. No obstante, hay una diferencia: que, por regla general, una pierna natural avanza más que la de palo, y la religión, por el contrario, ha solido ir a la zaga de la filosofía.

Demófeles.—¡Sea así todo eso! Mas para los que no tienen pierna natural, una de palo es de gran valor. Ten en cuenta que la necesidad metafísica de los hombres exige satisfacción absoluta; porque el horizonte de sus pensamientos debe limitarse, no ser ilimitado. Pero los hombres no poseen, por regla general, criterio necesario para discernir lo verdadero de lo falso y nivelar los terrenos; además, el trabajo que le imponen la naturaleza y sus necesidades no le deja tiempo para otras investigaciones, ni siquiera para la educación. Así, pues, no puede hablársele del análisis de los motivos, sino que está reducido a la creencia y a la autoridad. Hasta cuando una verdadera filosofía ha abierto el paso a la religión, aun entonces, sólo está fundada en la autoridad para la mayoría de los hombres, por lo menos, y por consiguiente se reduce a, cuestión de creencia. Ahora la autoridad está fundamentada por la época y las circunstancias; por eso no podemos darles lo que no tienen en sí como base; por consiguiente, debemos dejarles lo que han conseguido para abrirse paso en el mundo, si sólo se expone la verdad alegórica. Esta, basada en la autoridad, se adapta al caudal metafísico de los hombres, y por consiguiente a la necesidad teórica que estriba en el enigma de nuestra existencia que se le hace aceptar, y en el conocimiento, que detrás de la física del mundo debe encajarse una metafísica algo inmutable que sirva de base a la vida perecedera; así, pues, los mortales viven por el deseo, el miedo y la esperanza en constante miseria; por lo cual crean a los dioses y a los demonios, a los cuales pueden rogar, aplacar e impetrar gracias; finalmente, también acuden a su conocimiento moral innegablemente excitante, que recibe la sanción y el auxilio del exterior, pidiéndole un sostén sin el cual no pueden salir fácilmente ilesos en la lucha con tantas tentaciones. Por este lado la religión también asegura un manantial inagotable de consuelo y la tranquilidad que no abandona a los hombres ni en la muerte; aquí es donde revela entonces toda su eficacia. Así, pues, la religión se asemeja al que coge a un ciego de la mano y le guía, porque él no ve por sí mismo y sólo consigue que llegue a su meta, no que lo vea todo.

Filaletes.—Esta última parte es indudablemente el punto flaco de la religión. Es una *fraus*; aunque es verdaderamente una *pía fraus*: eso no puede negarse. Así, pues, los sacerdotes nos proporcionan una mezcolanza extraña de fraudes y doctrinas morales. Porque la verdad propia no se atreven a enseñarla, como tú mismo has notado muy acertadamente, aun cuando les fuese conocida, menos aún cuando no lo es. Una verdadera filosofía puede existir siempre, por lo tanto; mas no una verdadera religión: hablo de verdadera en el verdadero y propio sentido de la palabra, y no solamente por metáfora o alegoría, como tú has indicado, en cuyo sentido todo sería verdadero, en diversos grados. Indudablemente, a la inextricable mezcla de bien y mal, verdad y falsedad, bondad y perversidad, generosidad y bajeza que el mundo comúnmente nos presenta, se debe que la verdad más sublime y más sagrada, revestida con la mentira, pueda exhibirse, más aún, servirse de esta fuerza que obra más violentamente en los hombres, e introducirse en ellos como revelación. Se puede considerar el hecho como emblema del mundo moral. Mas no queremos perder la esperanza de que llegue día en que la humanidad se eleve al punto culminante de cultura e instrucción donde pueda crear por una parte la verdadera filosofía, y por otra aceptarla. Es, pues, *simplex sigillum veri*; la verdad pura debe ser tan sencilla y comprensible, que en su forma verdadera todos puedan y deban comprenderla, sin acudir a mitos y fábulas, esto es, sin disfrazarla como religión.

Deinófeles.—Ya no tienes idea de la ruin capacidad de las multitudes.

Filaletes.—Hablo solamente en tono de esperanza; pero no puedo abandonarla. Porque la verdad, en su forma más sencilla y comprensible, desalojará a la religión de su puesto, en el cual le ha consentido vivir tanto tiempo. Porque, en efecto, la religión ha llenado su cometido, y ha hecho su camino; ahora hasta para la mayoría puede despedir a sus acompañantes, y ella misma retirarse en paz. Esta será la eutanasia de la religión. Pero mientras viva tendrá dos rostros: uno el de la verdad y otro el de la mentira. Puesto que no pone a la vista uno ni otro, vivirá o estará enemistada. Por eso debe aceptarse como un mal necesario, cuja necesidad estriba en la lastimosa escasez de inteligencia de la gran mayoría de los hombres, que son incapaces de comprender la verdad; y por eso, en un caso urgente, emplean un sustituto de la misma.

Demófeles.—Verdaderamente, se debe pensar que nuestros filósofos han dejado ya dispuesta la verdad para comprenderla, y sólo falta acercarse a ella.

Filaletes.—Si no la tenemos, ésta debe atribuirse principalmente a la sumisión que se ha visto obligada a prestar, en todos los tiempos y en todos los países, la filosofía a la religión. No sólo la exposición y la comunicación de la verdad, no: hasta el pensamiento y la revelación del mismo ha tratado de hacerse imposible, valiéndose del medio de que en la primera infancia los sacerdotes tuviesen a su cargo la educación de las inteligencias, que sólo habían de seguir el camino que se acomodase a las opiniones fundamentales, tan rigurosamente seguidas, que permaneciesen incólumes durante toda la vida, en lo substancial. Algunas veces tengo que asustarme cuando tomo en la mano y hojeo, especialmente si acabo de hacer mis estudios orientales, las obras de los siglos XVI y XVII, aun las de las inteligencias más prominentes, al reparar cómo están tullidas por las opiniones judaicas y fanatizadas. ¡Tan maltrecha me imagino la verdadera filosofía!

Demófeles.—Y por lo demás, si encontrase esa filosofía, no por eso desaparecería del mundo la religión, como tú imaginas. Porque no puede darse una metafísica para todos; la diversidad natural de las inteligencias, y el cultivo que se les da, subsisten siempre. La gran mayoría de los hombres deben efectuar necesariamente el más rudo trabajo corporal, que se exige por la acumulación interminable de todas clases; no sólo esto no le deja tiempo alguno para la educación, para la instrucción, para la meditación, sino que, en virtud del antagonismo decisivo entre la irritabilidad y la sensibilidad, el trabajo corporal tan continuado irrita al espíritu, le hace torpe, obtuso, grosero, y, por lo tanto, incapaz de concebir otra cosa que las relaciones sencillas y palpables. En esta categoría está incluido por lo menos el del género humano. Una metafísica, esto es, una concepción del mundo y de nuestra existencia, la exigen las personas, porque corresponde a las necesidades naturales de los hombres; y en realidad una metafísica del pueblo, para poder ser así, debe conciliar muchas cualidades distintas; a saber: una gran claridad con cierta oscuridad, más aún, impenetrabilidad en los pasajes convenientes; así, pues, debe unir a sus dogmas una moral severa y adecuada; pero ante todo llevar consigo consuelo inagotable en vida y en muerte. De aquí se sigue ya que sólo puede ser verdadera *sensu allegorico*, no *sensu proprio*. Además, debe ser el sostén de una confesión general hecha por los más ancianos y más encumbrados, que certificasen que habían impuesto la autoridad con el tono y la exposición de la misma; han de poseer cualidades que son tan incalculablemente difíciles de reunir, que el hombre, si bien se considera,, no estaría dispuesto a socavar una religión, sino a reflexionar que es el tesoro del pueblo. Quien juzgue acerca de religión, debe tener en cuenta la disposición de la gran masa, a la cual se destina, y, por consiguiente, hacerse cargo de su absoluta ruindad moral e intelectual. Es increíble, cuanto más se profundiza en ella, cuán constantemente se encubre una verdad aun bajo el velo de las más monstruosas fábulas y grotescas ceremonias,tan indeleblemente adherida como el olor del almizcle a todo lo que una vez se ha puesto en contacto con él. Como aclaración a esto se piensa en la profunda sabiduría india, que se explana en los Upanischadas, y se observa entonces la frenética idolatría de la India de hoy, tal como sale a luz en peregrinaciones, procesiones y fiestas, y en los esfuerzos furiosos y grotescos de los *saniassis* de esta época. Sin embargo, no ha de negarse que bajo todas estas rabias y mamarrachadas late algo muy hondo, lo cual está de acuerdo con la profunda sabiduría mencionada, o viene a ser un reflejo de la misma. Pero esta preparación se ha destinado a la gran masa brutal. Ante nosotros tenemos en esta oposición los dos polos de la humanidad: la sabiduría de los pocos y la bestialidad de la mayoría; ambos encuentran, no obstante, su proporción en lo moral. ¡Oh! ¿Quién no recuerda aquí la frase del *Kural* (vers. 1.071): "El vulgo ve como los hombres; algo igual a esto no lo he visto yo"? La imagen más sublime puede representar a la religión *cum grano salis*; los sabios, las inteligencias de los pensadores declararse tranquilamente contra una filosofía. Y así valdría no una filosofía para todos, sino para cada uno, en virtud de las leyes de la elección, para ese público cuya educación e inteligencia son escogidas. Por eso se da siempre una ruin metafísica escolástica para la plebe ignara, y una superior para los escogidos. Por ejemplo, las grandes teorías de Kant deben adaptarse y desfigurarse, para uso de las escuelas, por Fries, Krung, Pfalat y personas semejantes. En una palabra, aquí se cumple, como en todo, la frase de Goethe: "Una cosa no vale para todos". La creencia pura en la revelación y la metafísica pura son para los dos extremos: para el término medio hay también modificaciones de aquellas dos, recíprocamente, en innumerables combinaciones y gradaciones. Así lo exige la indeleble diferencia que la naturaleza y la educación han puesto entre los hombres.

Filaletes.—Este punto de vista me recuerda mucho el misterio de los antiguos por ti ya mencionado, en cuanta que parece tomar por base la intención de corregir la mala disposición creada por las diferencias de potencialidad mental y de educación. Su plan era separar la gran mayoría de los hombres a los cuales la verdad sin mezcla es inaccesible, de aquellos a los cuales se puede descubrir hasta cierto punto; y luego a estos de aquellos que están en condiciones, no sólo de recibirla, sino de comprenderla, y así sucesivamente hasta los epoptas. Así se da, pues, un perfecto conocimiento de la desigualdad intelectual de los hombres es la base de la cuestión.

Demófeles.—En cierto modo debía dársenos la instrucción en escuelas ínfimas, medianas y superiores, para las diversas iniciaciones de los misterios.

Filaletes.—Nada más que aproximadamente, y aun eso sólo mientras se prescribiese exclusivamente el latín en los asuntos de sabiduría superior. Pero en cuanto desapareciese eso, se profanarían todos los misterios.

Demófeles.—Como eso puede suceder también, quiero recordar, respecto a la Religión, que tú debes interpretar la religión más bien por el lado práctico que por el teórico. Todavía la metafísica puede personificar a su enemiga, y la moral puede personificar a su amiga. Acaso sea en todas las religiones falsa la metafísica; pero la moral es verdadera en todas; esto ha de interpretarse entendiendo que en aquella se contradicen mutuamente, pero en éstas todas se conciban.

Filaletes.—¿Cuál suministra un documento justificativo para la regla lógica de que de falsas premisas puede seguirse una verdadera conclusión?

Demófeles.—Sólo que así obtienes la conclusión de que la religión tiene dos aspectos. Considerarla solamente por el aspecto teórico, es decir, intelectual, no puede ser lo razonable; así debe presentarse por el lado moral como el medio de educación, domesticamiento y amansamiento de esta chusma de animales dotados de razón, cuyo parentesco con las bestias no excluye al tigre. Al mismo tiempo es la satisfacción suficiente por regla general de las toscas necesidades metafísicas de los mismos. Paréceme que no tienes ninguna idea acabada de la diferencia enorme, de la profunda distancia entre la inteligencia culta, experimentada y despejada, y el entendimiento obtuso, torpe, opaco y flojo de aquellas bestias de carga de la humanidad, cuyos pensamientos han aceptado la dirección en los cuidados por su conservación, y en otra no han de ponerse en movimiento, y cuya fuerza muscular se ha desarrollado tan exclusivamente que la fuerza nerviosa que domina la inteligencia ha quedado debilitada. Deben tener algo sólido que puedan conservar en la senda de su vida, quizás una bella fábula por medio de la cual las cosas, que para su torpe inteligencia no pueden presentarse de otra manera que en figura y semblanza, se idealicen. Con estas aclaraciones y sus distinciones no les es accesible. Cuando tú interpretes así la religión y opines que sus fines son principalmente prácticos y sólo accesoriamente teóricos, te parecerá más sublime y respetable.

Filaletes.—¿Qué respeto se basa, pues, en el fundamentó de que el fin santifica los medios? No siento, sin embargo, ninguna constricción a un compromiso adquirido. Todavía puede ser la religión un excelente medio de represión y de disciplina del género bípedo perverso, obtuso y tenaz; a los ojos del amigo de la verdad sigue siendo aquella inadmisible *fraus*, aunque siga siendo tan *pía*. La mentira y el engaño fueron un medio raro de conducir a la virtud. La bandera por que yo combato es la verdad; le sigo siendo fiel, a despecho de todo, y, sin preocuparme de las consecuencias, peleo por la luz y por la verdad. Diviso a las religiones en las filas enemigas; así que...

Demófeles.—¡No hay tal cosa! La religión no es ningún engaño: es verdadera y es la más importante de todas las verdades. Porque, como ya dijimos, sus doctrinas son de especie tan elevada, que la gran mayoría no puede concebirlas inmediatamente, porque, como digo, la luz de las mismas ofusca los ojos vulgares; así que se envuelven en el velo de la alegoría, y enseñan lo que no es verdadero en sí mismo, sino en elevado sentido contenido en ellas, y así concebidas constituyen la verdad.

Filaletes.—Eso ya lo he oído: sólo se atreven a presentarse como alegóricas. Sólo que tienen la pretensión de ser verdaderas directamente y en el sentido estricto de la palabra; en eso estriba la falsedad, y aquí está lo que el amigo de la verdad debe rechazar hostilmente.

Demófeles.—Pero eso es ya *conditio sine qua non*. Sólo el sentido alegórico de sus doctrinas es el verdadero; esto les da toda su eficacia, y su apreciable influjo benéfico en la moral y los sentimientos de los hombres se perdería con ese rigorismo. Así, pues, en vez de insistir con pedantesca obstinación, volved la vista a sus grandes influencias en el dominio práctico, en la moral, en los sentimientos, como directora del trato social, como sostén y amparo de la desvalida humanidad en vida y muerte. Cuanto más haces por guardarte, mediante la crítica minuciosa, de ser sospechoso al pueblo y de arrancarle finalmente lo que es para él un inagotable manantial de consuelo y de tranquilidad, tanto más lo necesitamos en su parte más sólida, porque ya debe ser con eso absolutamente inviolable.

Filaletes.—Con ese argumento se puede expulsar a Lutero del campo, puesto que atacó la concesión de indulgencias, porque como muchos no han cumplido los requisitos de las indulgencias para irreparable favor y tranquilidad completa, él convenció con plena confianza en un paquete de las mismas que sostuvo tenazmente en la mano hasta morir, a tener tantos boletines de indulgencias para el cielo, adquiridos con alegre confianza. ¡Cuánto ayudan los motivos de consuelo y tranquilidad para aquellos sobre los cuales pende la espada de Damocles del desengaño!

Demófeles. — Mejor sería si tuvieseis la verdad en el bolsillo, para hacernos felices a capricho. Pero lo que tenéis son sólo sistemas filosóficos, en los cuales no es seguro ni lo que cuestan como quebraderos de cabeza. Quizás antes pensaba uno que debía tener que dar algo mejor en estos puntos.

Filaletes.—¡Si yo he de oír eso siempre! Muchos entienden que salir de un error no es recibir algo, sino dar; porque el conocimiento de que algo sea falso es aún una verdad. Ningún error es inofensivo; sino que cada uno más tarde o más temprano produce perjuicio al que lo sostiene. Por eso reconoce, amigo, que no se engaña a nadie como no sea para enseñarle lo que no sabe y se abandona a todos para hacer suyos sus dogmas de fe. Quizás no estaría mal discutir uno con otro, y mutuamente rectificarse: siempre la diversidad de opiniones engendra la tolerancia. El otro, cuya ciencia y laboriosidad se reconocen, debe haberse formado en el estudio de los filósofos, o bien haber hecho progresar por sí mismo en la historia de la filosofía.

Demófeles.—¡Eso sería muy bello! Todo un pueblo se naturalizaría, combatiría y *eventualiter* apalearía a los metafísicos.

Filaletes.—Acaso los palos, de cuando en cuando, son el condimento de la vida, o por lo menos no son un mal, cuando se comparan con la dominación clerical, el despojo monacal, las piras de la Inquisición, las cruzadas, las guerras de religión, las matanzas de San Bartolomé, etc. Esas han sido las consecuencias de enseñar metafísica al pueblo; por eso quedo en que del espinar no queda agarrada ninguna ortiga, y del engaño ningún perjuicio.

Demófeles.—¿Cuántas veces debo repetirte que la religión no sólo no es el engaño y la mentira, sino la verdad misma, pero sólo en disfraz mítico-alegórico? Pero con respecto a tu plan de que cada uno debe ser el fundador de su propia religión, he de contestarte que ese particularismo repugna a la naturaleza humana, y con eso se anula todo el orden social. El hombre es un *animal metaphysicum*, esto es, tiene una sólida y preponderante necesidad metafísica; por eso concibe la vida de todo en su significación metafísica, y quiere derivarlo todo de esto. Por eso es tan extraño, en la incertidumbre de todos los dogmas, oír la pluralidad de votos en las cuestiones metafísicas, que son para ella las cuestiones fundamentales, de tal suerte que, entre los que están acordes en eso, es posible la comunidad genuina y durable. A consecuencia de esto se identifican y se separan los pueblos más con arreglo a sus religiones que con arreglo a sus gobiernos y a sus idiomas. Según eso, se erige sólida y acabadamente la estructura de la comunidad, el Estado, si primero ha servido para los cimientos un sistema de metafísica perfectamente organizado. Naturalmente un sistema así sólo puede ser metafísica para el pueblo, esto es, religión. Esto mismo se relaciona con la organización del Estado y con todas las manifestaciones de la vida social, como también con todos los actos solemnes de la vida privada. Así ocurría entre los antiguos indios, entre los persas, los egipcios, los indios, como también entre los griegos y romanos; así ocurre todavía entre los pueblos brahmanes, budistas y mahometanos. En China existen en realidad tres doctrinas religiosas, de las cuales la más extendida, el budismo, está sostenida al menos por el Estado; no obstante, en China corre un proverbio vulgar y cotidianamente empleado: "las tres doctrinas son sólo una"; esto es, están de acuerdo en la cuestión fundamental. También el emperador es reconocido en las tres al mismo tiempo. Europa es, finalmente, la confederación de Estados cristianos: el cristianismo es la base de cada uno de sus miembros, y el vínculo social de todos; por eso los turcos, aunque comprendidos en Europa, no pertenecen propiamente a ella. Los príncipes europeos son lo correspondiente a los "dones de Dios", y el Papa es el vicario de Dios, el cual, en consecuencia, como sus miras son elevadas, quiere considerar todos los tronos sólo como feudos dependientes de él; de aquí se sigue también que los arzobispos y obispos, en calidad de tales, ejercen soberanía universal, y, como aun ocurre actualmente en Inglaterra, ocupan un puesto y tienen voto en el Parlamento. Los soberanos protestantes, como tales, son jefes de su iglesia; en Inglaterra este soberano era, hace pocos años, una muchacha de diez y ocho. Ya por la caída del Papa la Reforma ha conmovido a la federación de Estados europeos, pero especialmente ha disuelto, por la abolición de la comunidad de fe, la verdadera unidad de Alemania, que más tarde, después que fue reconstituyéndose ficticiamente, debía restablecerse por un vínculo artificial, meramente político. Ved, pues, cómo esencialmente la fe y su unidad están en relación con el orden social y con cada Estado. Es principalmente el sostén de las leyes y de la organización, y, por consiguiente, la base del edificio social, que puede subsistir con harta dificultad, si no confiere eficacia a la autoridad del gobierno y a las opiniones del soberano.

Filaletes.—Oh, sí, el príncipe es el papá Dios *(Herrgott)* del criado Ruprecht, con el cual se les hace acostarse en la cama a los niños grandes, cuando no se puede recurrir a otro expediente mejor; por eso se agarran a él. Muy bien: no obstante, debo aconsejar a cada soberano reinante que lea semestralmente, en un día fijo señalado, el capítulo XV del primer libro de Samuel, y que lo relea con atención y entusiasmo: con eso se le pondrá a la vista lo que trae consigo el sostener el trono sobre el altar. Además, desde que la *ultima vatio theologorum*, la hoguera, se ha puesto en desuso, ha perdido su eficacia aquel medio de gobierno. Porque tú lo demuestras: las religiones son los gusanos de luz: necesitan de la obscuridad para alumbrar. Cierto grado de inconsciencia común es la condición de todas las religiones; es el único elemento en que pueden vivir. Por el contrario, la Astronomía, las Ciencias naturales, la Geología, la Historia, la Geografía y la Etnología difunden su luz común, y finalmente, hasta la Filosofía viene a la memoria; cada uno debe perder la fe fundada en el milagro y la revelación; con lo cual la Filosofía ocupa entonces su puesto. En Europa, hacia fines del siglo XV, con el advenimiento de los neo-helenistas eruditos, se acudió a esa, luz del conocimiento y de la ciencia; las generaciones siguientes ascendieron cada vez más en los tan fértiles siglos XVI y XVII, y disiparon la niebla de la Edad Media. De igual manera la Iglesia y la fe debían desaparecer paulatinamente; por eso en el siglo XVIII los filósofos ingleses y franceses pudieron ya atacarlas directamente, hasta que al fin, bajo Federico el Grande, Kant pudo sustraer a la Filosofía al apoyo de la fe religiosa y emancipar a la "criada de la teología", puesto que planteó la cuestión con clara solidez y serenidad, con lo cual adoptó una actitud poco frívola, pero tanto más seria. A consecuencia de eso vemos en el siglo XIX al Cristianismo debilitarse más, abandonar la fe ardiente casi por completo, y más aún, atacar ya su propia existencia, mientras los temibles príncipes tratan de conservarlo con artificiosos medios, como el médico trata de conservar al cadáver con almizcle. Oye solamente un pasaje de Condorcet, que parece haberse escrito para advertencia de nuestra época: el celo religioso de los filósofos y de los grandes no era más que una devoción política: y toda religión que se permite defenderse como una creencia que es útil abandonar al pueblo, no puede esperar sino una agonía más o menos prolongada. En todos los pormenores señalados puedes notar siempre que la fe y la ciencia están en la relación de los dos platillos de una balanza; de suerte que cuando uno sube, otro baja. Más aun, tan sensible es esta balanza, que el influjo más momentáneo lo indica: como, por ejemplo, al principio de este siglo, la irrupción de las bordas francesas, al mando de su caudillo Bonaparte, y el gran esfuerzo que exigió la expulsión y el castigo de este saqueador, ha producido un descuido de la ciencia, y, por lo tanto, una pérdida en la difusión general del conocimiento, que la Iglesia aprovechó para levantar la cabeza, y la fe recibió luego un nuevo impulso, que, como es natural, conforme a la época, fue en parte de índole puramente poética. Por el contrario, en la paz de más de treinta años que siguió a esto, hubo paz y bienestar para el cultivo de la ciencia y la difusión de conocimientos progresó de una manera extraña; consecuencia de lo cual ha venido la mencionada decadencia y la ruina inminente de la religión. Acaso llegue pronto la época tantas veces profetizada en que la religión se separe de la humanidad europea, como una nodriza cuya crianza es inútil después que ha crecido el niño, que ahora requiere la instrucción del ayo. Porque, sin duda alguna, el milagro y la revelación son dogmas de fe basados en la autoridad, que sólo pueden prestar ayuda en la infancia de la humanidad; pero cualquiera concederá un género cuya duración íntegra, según los indicios conformes a todos los datos físicos e históricos, no ha ascendido hasta ahora a más de cien veces, aproximadamente, la vida de un hombre de sesenta años y que todavía se encuentra en la más tierna infancia.

Demófeles.—¡Oh, si tú, en vez de profetizar con satisfacción innatural la decadencia del Cristianismo, quisieses considerar cuán infinitamente debe estar agradecida la humanidad europea a esta religión tardíamente seguida en su verdadera y antigua, patria, el Oriente! Desarrolla una tendencia que hasta entonces le ha sido ajena, en virtud del conocimiento de la verdad fundamental: que la vida no puede ser un fin en sí misma, sino que el verdadero fin de nuestra existencia radica fuera de ella. Los griegos y los romanos lo habían puesto en la vida misma, absolutamente: por eso pueden llamarse indudablemente ciegos idólatras en este sentido. Conforme a eso, todas sus virtudes se adaptan al bien común, a la utilidad, y Aristóteles dijo ingenuamente: forzosamente deben ser las mayores virtudes aquellas que son útiles a los demás. Por eso es también el amor a la patria entre los antiguos la virtud más noble; aunque propiamente es ambigua, puesto que en ella tiene gran participación la cortedad, el prejuicio, la vanidad y el interés egoísta. Junto al pasaje citado enumera Aristóteles las principales virtudes, para examinarlas después separadamente. Son: la justicia, el valor, la templanza, la magnanimidad, la largueza, la liberalidad, la mansedumbre, la prudencia y la sabiduría. ¡Cómo se diferencian de las cristianas! Hasta Platón, el filósofo más trascendental sin género de comparación de la antigüedad culta, no reconoce ninguna virtud superior a la justicia, que deja sin definir a causa de su misma esencia; mientras que entre todos sus restantes filósofos el fin de toda virtud es una vida feliz, vita beata, y la moral la guía para esa vida. De esta aspiración insípida y grosera a una existencia efímera, inconsciente e insulsa, libertó el Cristianismo a la humanidad europea. Conforme a eso, el Cristianismo predica no sólo la justicia, sino el altruismo, la piedad, la beneficencia, la tolerancia, el amor a los enemigos, la paciencia, la humildad, la abnegación, la fe y la esperanza. Más aún, va más lejos: enseña que el mundo está presidido por la desgracia y que nosotros necesitamos la redención; en consecuencia, predica el desprecio del mundo, la renuncia de sí mismo, la castidad, la renuncia de la voluntad propia, esto es, el abandono de la vida y de sus goces engañosos; aún más, enseña la sagrada fuerza del dolor sufrido, y un instrumento de martirio es el símbolo del Cristianismo. Te confieso desde luego que esta primera y única acertada concepción de la vida, bajo otras formas, estaba difundida en toda el Asia muchos miles de años antes, como aun lo está actualmente, independiente del cristianismo; pero para la humanidad europea era una nueva y gran revelación. Porque sabido es que la población de Europa se va sustituyendo por las descendencias asiáticas, que, en el vagabundeo continuo, han perdido su primitiva religión natal, y con eso el concepto exacto de la vida; por eso luego, en el nuevo clima, se constituyen religiones propias y algo toscas, especialmente la druida, la odinesca y la griega, cuya conformación metafísica era mezquina y árida. No obstante, se desarrolló entre los griegos un sentido de la belleza absolutamente especial, puede decirse que instintiva, peculiar de ellos entre todos los pueblos de la tierra que han existido jamás, propio suyo y exacto; por eso recibía su mitología, en boca de sus poetas y en manos de sus pintores, una figura bella y graciosa. Por el contrario, la seria, verdadera y profunda significación de la vida estaba perdida para los griegos y los romanos; estaban reducidos a eso, como niños grandes, hasta que el Cristianismo vino y volvieron a la seriedad de la vida.

Filaletes.—Y para criticar la consecuencia sólo empleamos la antigüedad para compararla con la siguiente Edad Media siguiente a esa, acaso el período de Pericles con el siglo XIV. Apenas se cree que en ambas exista la misma presencia del ser; allí el desarrollo más magnífico de la humanidad, excelentes organizaciones de Estado, leyes sabias, magistraturas sensatas y repartidas, la libertad discreta y moderada, el florecimiento de las artes todas;

luego la poesía y la filosofía, en su cumbre, alcanzaron obras que todavía subsisten después de miles de años como modelos incomparables, casi como obras de esencia superior, a las cuales nosotros no podemos igualar, y con eso la vida se exime por la sociabilidad más antigua, como el *Banquete* de Jenofonte nos demuestra. Y aquí se ve si tu estabas en disposición. Estúdiese la época en que la Iglesia encadenaba el espíritu y la autoridad de las corporaciones, y con eso los caballeros y los sacerdotes podían cargar con el peso de la vida como comunes bestias de carga para el tercer estado. Entonces encuentras el derecho del más fuerte, el feudalismo y el fanatismo, en estrecha alianza, y en su consecuencia la horrorosa ignorancia y el obscurantismo del espíritu, su intolerancia correspondiente, la fe, las guerras de religión, las matanzas de herejes y la Inquisición; como forma de la sociabilidad se constituye el régimen caballeresco que corrigió la aspereza y la chocarrería y bajo un sistema utilizó la fruslería y el lunatismo, con la degradante superstición y la afectada fidelidad conyugal, del residuo todavía existente, la galantería, se satisfizo con la merecida arrogancia de la esposa, y todos los asiáticos proporcionaron los materiales para crear una organización con la cual los griegos hubieran estado de acuerdo. En la áurea Edad Media el individuo se ponía libremente al servicio metódico de las mujeres, con obligatorios torneos, cortejos, pomposos cantos de trovadores, etc.; aunque es de notar que estas últimas farsas, que entonces todavía tenían una parte intelectual, especialmente en Francia, se celebraban en familia; mientras que entre los materiales y obtusos germanos el caballero se solazaba en borracheras y rapiñas; los vasos y los naipes de salteadores eran lo que les interesaba; en las Cortes no se sentían indudablemente a gusto entre los insulsos trovadores, ¿Por qué la escena mudó así? Por la emigración de los pueblos y por el cristianismo.

Demófeles.—Bien está que hayas recordado eso. La emigración de los pueblos fue el manantial de males y el cristianismo el dique en que choca. Igualmente para la emigración de los pueblos regida por el flujo el cristianismo fue en las hordas groseras y salvajes el medio de domesticamiento y amansamiento. El hombre tosco debe aprender primero a arrodillarse, a respetar y a obedecer; después de eso se le puede civilizar. Esto hace que, como en Irlanda San Patricio, así en Alemania Winfredo de Sachs sea un verdadero beneficio. La emigración del pueblo, esta última expansión del linaje asiático hacia Europa, a la cual siguieron las infructuosas tentativas de esta especie, bajo Atila, Dschengislian y Fimur, y, como ejemplo cómico, los gitanos; la emigración de los pueblos era lo que la humanidad de la época antigua había traído por resultado: el cristianismo; pero el cristianismo era el principio opuesto a la tosquedad; como todavía más adelante, durante toda la Edad Media, la Iglesia, con su jerarquía, era sumamente necesaria para fijar límites a la rudeza y tosquedad del soberano físico, del príncipe y del caballero; era el rompe hielo de este témpano poderoso.

No obstante, ya se ha señalado en general como fin del cristianismo no tanto aceptar esta vida como hacernos dignos de otra mejor; sobre esta pequeñez de tiempo, sobre este engañoso sueño se divisa el camino que ha de conducirnos a la eterna bienaventuranza. Su tendencia es ética y da a las palabras un sentido sublime, hasta entonces no conocido en Europa; como ya te he hecho notar, por las relaciones de la moral de los antiguos con la cristiana.

Filaletes.—Con razón, hasta que la teoría arraigó; pero obsérvala en la práctica. Indiscutiblemente, los antiguos, en comparación con los siguientes siglos cristianos, eran menos crueles que los de la Edad Media con sus rebuscados suplicios mortales y sus hogueras sin número: además, los antiguos eran muy tolerantes; se apoyaban principalmente en la justicia; se ofrecían a menudo por la patria; realizaban acciones generosas de todas clases y demostraban tal humanidad, que aun en el día de hoy se llama la costumbre con sus hechos y pensamientos el estudio de la humanidad. Las guerras de religión, las hogueras, la Inquisición, luego otras matanzas de herejes, la extirpación de los esclavos de América y la importación de los de África a su vez: todos éstos fueron frutos del Cristianismo, y no tuvieron semejante ni puede encontrarse un paralelo entre los antiguos; porque los esclavos de los antiguos, la *familia*, las *vernae*, se diferenciaban de la humanidad de los negros delatores de las plantaciones de azúcar como sus colores respectivos. La reprobable tolerancia de la pederastia, que mancilla la moral de los antiguos, es una pequeñez en comparación de los horrores cristianos, y muchas veces se ha repetido entre los modernos de la manera menos extraña cuando sale a luz. ¿Puedes sostener, bien considerado todo, que el Cristianismo ha hecho mejor a la humanidad moralmente?

Demófeles.—Si el resultado no corresponde a la pureza y exactitud de la doctrina, puede ocurrir por eso que esta doctrina esté destinada para los nobles, para los grandes de la humanidad, y el hito ha de ponerse muy alto: la moral pagana era, indudablemente, más cómoda, como también la mahometana. Por consiguiente, lo más sublime engendraba en la mayoría el abuso y la impostura: el abuso del mejor es el peor. Por eso aquellas elevadas teorías servían de pretexto de cuando en cuando para esfuerzos excesivos y a verdaderas fechorías. La decadencia de las antiguas organizaciones del Estado, como también de las artes y ciencias del mundo antiguo, atribuyese, como hemos dicho, a las irrupciones de los bárbaros extranjeros. Era, por consiguiente, infalible que la ignorancia y tosquedad llevaban la ventaja; y como consecuencia de esto, la fuerza bruta y la impostura se apoderaron de la soberanía, de suerte que los caballeros y los sacerdotes cargaron sobre la humanidad. En parte es también explicable que la nueva religión enseñase a buscar la felicidad eterna, en vez de la temporal, la sencillez de corazón, antes que la sabiduría y todos los sentimientos universales que contribuían también a las ciencias y a las artes, y fuese contraria a esto. Sin embargo, luego que las últimas se hicieron serviciales para la religión, progresaron y alcanzaron cierto florecimiento.

Filaletes.—De poca monta. Las ciencias eran amigas sospechosas, y como tales no traspasaban sus límites: por el contrario, la amable ignorancia, elemento tan necesario de los dogmas de fe, se cuidaba solícitamente.

Demófeles.—Lo que la humanidad había adquirido hasta entonces en sabiduría, sólo por causa del clero, particularmente en los claustros, se salvaba de la decadencia. ¡Oh, cómo era verdad esto, tras la emigración de los pueblos, cuando el Cristianismo había comenzado antes!

Filaletes.—En verdad que sería una investigación noble y curiosa escudriñar con gran despreocupación e imparcialidad las ventajas aportadas por las religiones, y los perjuicios acarreados por las mismas, desapasionadamente, con sinceridad y con acierto. Para eso se necesitaría, indudablemente, una innumerable copia de datos históricos y psicológicos que estuviesen a nuestra disposición. Las academias podían crear sobre este tema un concurso de premios.

Demófeles. —Quedarían desiertos.

Filaletes.—Me extraña que digas eso: porque eso es un mal signo para las religiones. Por lo demás, ocurriría también que las academias, en cuyos concursos estuviese la cláusula tácita, darían el premio a quien mejor les supiese hablar a su gusto. Además, sólo un estadístico puede referirnos cuántos crímenes se han cometido anualmente por motivos religiosos y cuántos por otros. Los primeros serían muy pocos. Porque, cuando uno trata de cometer un crimen, lo primero que se le ocurre positivamente es prever las penas y calcular la verosimilitud de que se le aplique: después de eso viene, como la segunda parte, la consideración del peligro que se encierra para su honor. Sobre estos dos inconvenientes, cuando no yerra, rumiará muchas horas antes de que se le ocurran las consideraciones religiosas. Sobre aquellas dos primeras defensas contra el crimen pasará ligeramente así creo que muy rara vez la religión sola lo contendrá.

Demófeles.—Lo contendrá muchas veces, particularmente cuando su influjo se obre ya por medio de la costumbre, de suerte que los hombres desistirán igualmente de grandes delitos. La primera impresión persistirá. Reflexiona, para explicación, cuántos, especialmente entre los nobles, expían muchas veces sus pasados crímenes con arduos sacrificios, ofrecidos solamente porque en la infancia el padre les había dicho con ademán serio: "Un hombre de honor cumple fielmente su palabra".

Filaletes.—Sin cierta *probitas* (probidad) innata no se hace eso. No atribuyas a la religión lo que es consecuencia de la buena índole natural, en virtud de la cual el que ha cometido el crimen siente remordimiento. Este es el legítimo motivo moral y, como tal, independiente de todas las religiones.

Demófeles.—Pero esto rara vez se da en la gran mayoría sin estar fundado en motivos religiosos, porque éstos siempre lo refuerzan. No obstante, también sin ese fundamento natural, muchas veces los motivos religiosos por sí solos impedían los crímenes; así no nos extrañan entre el pueblo; y cuando vemos que algunas personas de buena educación están algunas veces bajo el influjo, no de motivos religiosos quizás, los cuales siempre tienen por base la verdad alegórica por lo menos, sino de las más absurdas supersticiones, y en vida se deja gobernar por ellas, por ejemplo, no acometen empresas en viernes, no sientan trece a la mesa, obedecen a agüeros casuales, etc.; y mucho más entre el pueblo. Tú no estás en condiciones de apreciar la gran limitación de los espíritus incultos; esto se ve particularmente cuando, como ocurre con frecuencia, un corazón ruin, inicuo, maligno, forma la base. Esos hombres, que componen la gran mayoría del género humano, deben ser encarrilados y amansados provisionalmente, como mejor se pueda, y acontece que por motivos verdaderamente supersticiosos se influye en ellos para corregirlos. Atestigua la eficacia directa de la religión el que, por ejemplo, muchas veces, especialmente entre los italianos, un ladrón abandona su mala vida por causa de su confesor, porque, en efecto, éste le señala esa condición para concederle la absolución. Además, piensa en el juramento, en el cual la religión ejerce su influjo decisivo, sea porque los hombres se colocan expresamente en el punto de partida de un Ser puramente moral, y como tal le invocan solemnemente —así parece adoptarse en Francia, donde la fórmula del juramento es sólo "yo lo juro", e igualmente ocurre con los cuáqueros, puesto que para ellos es válido el solemne sí o no en vez del juramento— osea que verdaderamente crea en la condenación eterna de su alma, que compromete, fe que sólo es el disfraz del primer sentimiento. Pero siempre las ideas religiosas son el medio de regenerar y corregir su índole moral. Como muchas veces no son los falsos juramentos acumulados los que primero se cumplen, sino que cuando viene al caso se rechazan súbitamente, por lo cual la verdad y el derecho logran entonces la victoria.

Filaletes.—Y todavía, en muchas ocasiones, los juramentos falsos se juzgan eficaces, por lo cual la verdad y el derecho, ante el conocimiento evidente de todos los testigos del acto, confían en algo. El juramento es la perogrullada metafísica de los jurisconsultos; deben emplearlo lo menos posible. Si eso es inevitable, entonces debe hacerse con la mayor solemnidad, no sin la presencia del clero, más aún, en la iglesia, o en una de las capillas anejas al tribunal. En los casos muy sospechosos, es congruente permitir que esté presente a ellos la escuela de niños. La abstracta fórmula francesa de juramento no vale apenas nada por eso; la abstracción de los casos positivos dados debe dejar abandonado a cada cual a sus opiniones particulares, conforme al grado de su educación. No tienes derecho a presentar el juramento como ejemplo manifiesto de la eficacia práctica de la religión. Debo dudar, no obstante, a pesar de todo lo que tú has dicho, de que esa eficacia también se produzca. Piensa que hoy, de repente, por edicto público, se anulen todas las leyes criminales; así creo que ni tú ni yo tendríamos valor, al amparo de los motivos religiosos, para ir de aquí a casa. Por el contrario, suprime de igual manera toda religión como falsa; al amparo de las leyes solas, viviríamos desde ahora sin que aumentase gran cosa nuestro miedo y la vigilancia ordinaria. Pero te diré más: las religiones ejercen un decisivo influjo desmoralizador con frecuencia. En general, se sostiene que lo que concierne a los deberes hacia Dios aventaja a los deberes hacia los hombres, puesto que es muy cómodo suplir la falta de buen proceder para con éstos por la adulación hacia Aquel. Conforme a eso, vemos, en todos los tiempos y en todos los países, que a la gran mayoría de los hombres parécele mucho más fácil mendigar el cielo por medio de oraciones que ganarlo con obras. En cada religión se exige, para el cumplimiento fiel de la divina voluntad, no tanto la conducta moral como la fe, las ceremonias del templo y el culto de latría de diversas especies; más aún, sucesivamente esto último, especialmente cuando va unido a los emolumentos de los sacerdotes, se considera como la sustitución del primero: las ofrendas de animales en los templos o los donativos de misas, o la erección de capillas, o las cruces en los caminos, son las obras meritorias, de suerte que basta los crímenes más graves se perdonan por ellas, como también por las penitencias, sumisión a la autoridad de los sacerdotes, confesiones, peregrinaciones, donativos al templo y a sus ministros, fundación de conventos, etc.; con lo cual el sacerdote parece considerarse al fin y al cabo como el mediador del trato con los dioses corruptibles. Y aun cuando no sea todo eso así, ¿dónde está la religión cuyo secuaz no considere, por lo menos a las oraciones, himnos y diversas devociones, como una compensación parcial siquiera de la conducta moral? Por ejemplo, véase en Inglaterra, donde los desvergonzados curas impostores identifican el domingo cristiano, instituido desde Constantino el Grande en oposición al sábado judío, con éste hasta en el nombre, de una manera falaz, por institución de Jehová para el sábado, esto es, día en que debe de reposar la omnipotencia cansada de la labor semanal, y por eso es esencialmente el último día de la semana, para trasladarlo al domingo de los cristianos, al *diem solis*, en recuerdo del día que inicia la semana de gloria, ese día de piedad y de júbilo. A consecuencia de este fraude es por lo que en Inglaterra se ha efectuado la supresión del sábado, o la desconsagración del sábado, esto es, el dedicarse a la ocupación más fácil, útil o agradable (el juego, la música, el columpio, el libro profano) y el cometer en domingo los pecados más graves. Por consiguiente, el hombre vulgar ¿no debe creer que, cuando cumple, como su director espiritual le ordena, con una estricta observancia del santo sábado y una asistencia metódica al servicio divino, si el domingo holgazanea impunemente y no deja de estar dos horas sentado en la iglesia, para escuchar mil veces la misma letanía y responder a *tempo*: con eso ha calculado bien lo que necesita en remisión de esto y de aquello lo que se permite casualmente? Aquellos demonios de la humanidad, el propietario de esclavos y el comprador de esclavos en los Estados libres norteamericanos (debían llamarse Estados esclavos), son, por regla general, ortodoxos y devotos anglicanos, que tendrían por grave pecado trabajar en domingo, y tienen confianza en la salvación eterna de su alma con la puntual asistencia a la iglesia, etc. El influjo desmoralizador de la Religión es, por consiguiente, tan poco problemático como el moralizador. ¡Cuán grande y cierto no debe ser éste, por el contrario, para ofrecer una compensación al horror que las religiones llevan consigo, especialmente la cristiana y la mahometana, y a los dolores que han causado al mundo! Piensa en el fanatismo, en las interminables persecuciones, en las guerras de religión, esta sangrienta manía de la cual no tenían noción los antiguos; luego en las cruzadas, una carnicería de dos siglos, completamente inexcusable, con la enseña "Dios lo quiere", para conquistar el sepulcro de Aquel que había predicado el amor y la tolerancia; piensa en la cruel expulsión y extirpación de los moros y judíos en España; piensa en la San Bartolomé, en la Inquisición y en otras matanzas de herejes, no menos que en las sangrientas y considerables conquistas de los mahometanos en las tres partes del mundo; luego también en la de los cristianos en América, a cuyos habitantes exterminaron en su mayor parte, en Cuba casi por completo, y, según Las Casas, en el transcurso de cuarenta años asesinaron a doce millones de hombres, todo *in majorem Dei gloriam*, y para ayuda de la propagación del Evangelio, y porque, además, al que no era cristiano no debía considerársele como hombre. En verdad es que yo ya he tocado incidentalmente esta materia; pero cuando, todavía en nuestros días, se imprimen ejemplares de la revista *Nuevos informes sobre el imperio de Dios*, queremos también no cansarnos de traer a la memoria estas antiguas noticias. Especialmente los indios no nos dejan olvidar esta sagrada tierra, esta cuna del género humano, por lo menos de la raza a que pertenecemos, donde primero los mahometanos y después los cristianos, han extremado su rabioso furor contra los secuaces de la creencia primitiva y sagrada de la humanidad, y aun hoy día los espúrios de la rabia monoteísta de los mahometanos nos presentan el espectáculo de la deplorable, deliberada y cruel destrucción y mutilación de los templos más antiguos y de las imágenes de los dioses como se ha puesto en práctica desde Mahomed el Ghaznevida, de execrable memoria, hasta el Aureng-Teb, el asesino de su hermano, a quienes después han imitado fielmente los cristianos portugueses, así con la destrucción de templos como con los autos de fe de la Inquisición en Goa. También el pueblo escogido de Dios no nos deja olvidar que después que en Egipto, por orden expresa de Jehová, sustrajeron a sus antiguos y confiados amigos sus vasijas de oro y de plata, y después, con el asesino Moisés a la cabeza, entraron en la tierra de promisión, dejando una estela de carnicería y de botín, por mandato expreso y reiterado del mismo Jehová, sin dar muestra alguna de compasión, asesinando y exterminando ferozmente a todos los habitantes, incluso a las mujeres y niños, para arrancarlas a los poseedores legítimos: porque no estaban circuncidados, y no conocían a Jehová; motivo que era suficiente para usar con ellos de toda crueldad; como, por el mismo motivo también, se nos refería más tarde en tono triunfal la canallada infame del patriarca Jacob y sus escogidos contra Hemor, rey de Salem, y de su pueblo, porque estas gentes eran igualmente incrédulos. Verdaderamente, este es el aspecto ruin de las religiones: que los secuaces de cada una se permiten todo contra los de cualquier otra, y por eso proceden contra ellos con la más franca brutalidad e inhumanidad; así los mahometanos contra los cristianos y los indios; los cristianos contra los indios, los mahometanos, los pueblos americanos, los negros, los judíos, los herejes, etc. Todavía trato de amplificar quizás cuando digo todas las religiones: porque para confirmar la verdad debo añadir que en esta cuestión sólo se distinguieron por la crueldad fanática los secuaces de las religiones monoteístas, y, por consiguiente, sólo del judaísmo y de sus dos ramificaciones, el cristianismo y el islamismo. De los indios y budistas no se nos refieren tales cosas. Aunque sabemos que el budismo, aproximadamente en el siglo y de nuestra era, en su patria primitiva, la península de los indios, fue rechazado por los brahmanes, desde donde se propagó a toda el Asia; no tenemos, que yo sepa, ninguna noción de violencia, guerras y crueldades por las cuales se distinguiese. Indudablemente esto puede atribuirse a la oscuridad en que está sumergida la historia de aquel país; no obstante, persistía el carácter benigno de aquella religión que continuamente ponía en práctica la conservación de todos los vivos, como también la circunstancia de que el brahmanismo, en virtud del régimen de castas, no reunió propiamente prosélitos, y esperamos que sus secuaces se conserven libres del derramamiento de sangre en gran escala, y las crueldades de cualquier clase. Spence Hardy alaba, en su excelente libro, la extraordinaria tolerancia de los budistas y de la seguridad de que los Anales del budismo presentan menos ejemplos de persecución religiosa que los de ninguna otra religión. En realidad la intolerancia sólo es esencial al monoteísmo: un solo Dios es, por su naturaleza, un Dios envidioso que no admite ningún otro. Por el contrario, los dioses politeístas, conforme a su naturaleza, son tolerantes: viven y dejan vivir; aguantan a todos sus colegas, los dioses de la misma religión, y después extienden también esta tolerancia a los dioses extraños, que, en consecuencia, son admitidos libremente como huéspedes, y más tarde logran a veces la supremacía; como nos lo demuestra primeramente el ejemplo de los romanos, que aceptaron y veneraron dioses frigios, egipcios y otros extranjeros. Por eso sólo son las religiones monoteístas las que nos ofrecen el espectáculo de las guerras de religión, persecuciones religiosas y hogueras para los herejes, como también los tres mil años han visto bajo el sol la furia iconoclasta y la extirpación de las imágenes de dioses extranjeros, la destrucción del templo judío y la de las pirámides egipcias; porque, en efecto, su Dios envidioso había dicho: "No adorarás a ningún ídolo", etc. En la cuestión fundamental estamos de acuerdo; así tú tienes cierto derecho a aducir la sólida necesidad metafísica de los hombres; pero las religiones me parece que son, no tanto una satisfacción como un abuso de la misma. Por lo menos hemos visto que, con respecto al progreso de la moralidad, su utilidad es, en gran parte, problemática; y, por el contrario, están de manifiesto los perjuicios, y particularmente las crueldades que se cometen en su nombre. Distinta es indudablemente la manera de plantearse la cuestión cuando consideramos la utilidad de la religión como sostén de los tronos que se bambolean: porque, toda vez que éstos se confieren por la gracia de Dios, el altar y el trono están en íntimo parentesco. También conforme a eso, todo príncipe discreto, que ama a su trono y a su familia, debe mostrarse a su pueblo como un modelo de verdadera religiosidad; así que Maquiavelo la recomienda encarecidamente a los príncipes en el capítulo XVIII. Además, se puede alegar que las religiones reveladas son a la filosofía lo que la soberanía por derecho divino a la soberanía del pueblo: por eso ambos miembros anteriores de esta comparación están en alianza natural.

Demófeles.—¡Oh, no tomes ese tono! Reflexiona que con eso hundirías en el abismo de la oclocracia y de la anarquía los vestigios de todo orden social, de toda civilización y de toda humanidad.

Filaletes.—Tienes razón. Eran igualmente sofismas. Así, pues, me vuelvo atrás. Pero mira cómo el disputar de cuando en cuando deja sin descubrir la verdad, y puede hacernos maliciosos. Dejémonos de demoler.

Demófeles.—Después de todas las fatigas experimentadas, debo lamentar conocer tu decisión con respecto a las religiones; por el contrario, yo puedo asegurarte que todo lo que has declarado no se ha alterado por eso mi persuasión del gran valor y necesidad de las mismas.

Filaletes.—Te creo, porque, como se dice en *Hudibras*, un hombre convencido contra su voluntad es todavía de la misma opinión. Pero me consuelo con que en cuestión de controversias el efecto primeramente producido es el verdadero.

Demófeles.—Así, pues, te deseo un efecto soberbio.

Filaletes.—Acaso se puede encajar aquí un proverbio español que hace mucho me bulle en la memoria: detrás de la cruz está el diablo.

Demófeles.—Ven; no debemos separarnos uno de otro con palabras ambiguas, sino antes bien, advertir que la religión, como Jano —o mejor, como el dios brahmán de la muerte, Zama— tiene dos semblantes, y, lo mismo que éste, uno muy atractivo y otro muy lúgubre; nosotros hemos presentado cada uno a la vista del otro.

Filaletes.— ¡Tienes razón, viejo!

2
CIENCIA Y FE

La filosofía, como una ciencia que es, no ha de tratar de lo que debe creerse, sino solamente de lo que puede saberse. Esto debe ser algo completamente distinto de lo que ha de creerse; así esto no sería para la fe ningún perjuicio, porque por eso es fe: porque enseña lo que no puede saberse. Si eso pudiera saberse, la fe sería perniciosa y ridícula, algo así como si las matemáticas expusiesen una doctrina de fe.Por el contrario, puede objetarse que, en realidad, la fe todavía puede enseñar tanto y mucho más que la filosofía; sin embargo, no puede enseñarlo incompatible con los resultados de ésta, porque, en efecto, la ciencia está envuelta en un tejido más recio que la fe, de suerte que cuando chocan una con otra, esta se rompe.

Siempre están fundadas ambas en cosas diversas que, para su bien mutuo, deben quedar separadas rigurosamente, de suerte que cada una siga su camino, sin tener siquiera noticia de la otra.

3
REVELACIÓN

Las generaciones de los hombres nacen y mueren en rápida sucesión, mientras que los individuos, entre la inquietud y el dolor, mueren. Por eso interrogan incansablemente para que se les responda lo que con ellos va unido y lo que significa, toda esa fuerza tragicómica, y claman al cielo. Pero el cielo sigue sordo. Por el contrario, los curas vienen con revelaciones.

Pero es un gran niño que puede pensar con seriedad que jamás ser alguno ha dado la explicación de nuestro ser y de la existencia y fin del mundo. No existe ninguna otra revelación más que los pensamientos de los sabios, siendo así que éstos incurren también en error, conforme al destino de todo lo humano, y muchas veces lo revisten de sorprendentes alegorías y mitos, donde igualan a las religiones. Según eso, es lo mismo que uno viva con sujeción a los propios que a los ajenos pensamientos, porque siempre son al fin y al cabo pensamientos humanos en los cuales se confía y humanas opiniones. No obstante, los hombres tienen, por regla general, la debilidad de confiar más en otras inteligencias, que fingen inspiraciones sobrenaturales, que en las suyas propias.

Por el contrario, el secreto fundamental y la artimaña primitiva de todos los curas, en todos los países y tiempos, sean brahmanes o mahometanos, budistas o cristianos, es el siguiente: han comprendido la fuerza enorme e irrevocable de las necesidades metafísicas de los hombres; sólo que para proporcionar la satisfacción de las mismas, puesto que les da la clave del enigma, acuden directamente a los medios extraordinarios. Esto sólo persuade a los hombres una vez si pueden dirigir y dominar con gran satisfacción de ánimo. Por eso los más ladinos de los gobernantes forman una alianza con ellos (con los curas); los otros tienen que dejarse dominar por ellos. Cuando un filósofo sube al trono, como ocurre en el más raro de los casos, se descubre el tinglado de la comedia.

4

SOBRE EL CRISTIANISMO

Para juzgar sinceramente acerca de esto, debe considerarse también lo que ha dado y lo que ha quitado el cristianismo. Ante todo, hablemos del paganismo grecorromano; como la metafísica del pueblo exigía, una quimera muy significativa, sin dogmática propia, determinada, sin ética definitivamente creada, más aún, sin verdadera tendencia moral y sin escrituras sagradas; de suerte que apenas merecía el nombre de religión, sino más bien un modelo de fantasía, una obra maestra de poeta, una fábula para el pueblo y en su mejor parte una personificación manifiesta del poder de la naturaleza. Apenas puede creerse que con esta religión pueril hayan vivido jamás los hombres; sin embargo, existen, para demostrar eso, muchos pasajes de los antiguos, especialmente el primer libro de Valerio Máximo y muchos de Herodoto, del cual sólo recordaré el último libro, capítulo LXV, donde expresa su propia opinión y habla como una vieja. En tiempos posteriores, y en una filosofía más progresiva, este entusiasmo desapareció indudablemente; por lo cual le fue posible al cristianismo sustituir a aquella religión del Estado a pesar de sus firmes sostenes. Que ésta no fue en manera alguna, sin embargo, practicada en la mejor época griega con el fervor con que en la moderna lo fue el cristianismo, o en Asia el budismo, el brahmanismo o también el mahometismo; que el politeísmo de los antiguos ha sido algo completamente distinto del plural del monoteísmo, lo demuestran harto plenamente *Las Ranas*, de Aristófanes, en las cuales Dionysos es presentado como el infeliz loco e insensato, que se permite pensar solo, y como recompensa se le ofrece el sarcasmo; y eso se representa públicamente en su propia fiesta, la de Dionysos. Lo segundo, lo que ha sustituido el cristianismo, era el judaísmo, cuyos toscos dogmas se subliman por medio de los cristianos y se alegorizan tácitamente. El cristianismo es, ante todo, alegórico por su naturaleza; porque lo que en las cosas profanas se califica de alegoría se llama en la religión misterio. Debe agregarse que el cristianismo se eleva sobre aquellas dos religiones, no sólo en la *moral*, donde las doctrinas de la caridad, la tolerancia, el amor a los enemigos, la resignación y la renuncia de la propia voluntad le son exclusivamente peculiares (en accidente, nótese bien), sino hasta en la *dogmática*. Lo que se deja a la gran mayoría, que es incapaz de concebir inmediatamente la verdad, se da como lo mejor, como una bella alegoría, y es suficiente como guía para la vida práctica y como prenda de consuelo y de esperanza. Pero esa ligera mezcla del absurdo es un ingrediente necesario, puesto que sirve de indicio de su naturaleza alegórica. La dogmática cristiana se concibe *sensu proprio*; así que tenía razón Voltaire. No obstante, considerada alegóricamente es un mito sagrado, por medio del cual se enseñan al pueblo las verdades, que le eran inmediatamente inasequibles. Puede compararse esto mismo con los arabescos de Rafael, como también con los de Kunge, que exhiben lo manifiestamente contrario a la naturaleza y lo imposible, en los cuales late, por consiguiente, un profundo sentido. La afirmación de la Iglesia: que en los dogmas de la religión la razón es incompetente, ciega e inadmisible, encierra en lo más íntimo esto: que los dogmas son de naturaleza alegórica, y por consiguiente han de juzgarse con arreglo a la medida que pueda establecer la razón, que todo lo concibe *sensu proprio*. Los absurdos en el dogma son igualmente el sello y la insignia de lo alegórico y lo místico, aunque, en casos de necesidad, provienen de que habían de combinarse dos doctrinas tan heterogéneas como la del Antiguo y Nuevo Testamento. Aquella gran alegoría ha de ocupar primero su posición paulatinamente, en ocasión de circunstancias exteriores y fortuitas, por medio del concurso de las mismas, profundamente oculta la verdad bajo la envoltura sencilla, no empleada para el conocimiento claro hasta que se perfeccionó por el auxilio de Agustín, que se absorbió profundamente en su pecado y luego lo interpretó como un todo sistemático y se puso en condiciones de reparar las culpas. Por consiguiente, la doctrina de Agustín, corroborada por Lutero, es el primer cristianismo que salió a luz, pero no tomaba la "revelación" *sensu proprio*, como los protestantes de hoy, y por eso se limitaba a un individuo; éste puede llamarse el cristianismo primitivo; como que es, no el germen, sino el fruto bueno para comer. Sin embargo, el punto flaco de todas las religiones sigue siendo siempre que aspiran a ser alegóricas, no francamente, sino sólo de una manera clandestina, y por eso sus doctrinas se han expuesto de todas veras como infalibles *sensu proprio*, lo cual ocasiona un fraude establecido entre los absurdos esencialmente contenidos en las mismas, y es un grave inconveniente. Lo que todavía es peor, con el tiempo llegará un día en que no sean verdaderas *sensu proprio*; porque lo llevan en el fondo. Puesto que eso sería lo mejor, la naturaleza alegórica se debiera manifestar igualmente. ¿Cómo ha de explicarse al pueblo que algo puede ser y no ser a la vez verdadero? Pues con ese conflicto tropezamos en todas las religiones, en unas más y en otras menos; así, pues, debemos confesar que el género humano se conforma con el absurdo en cierto grado, más aún, que le es absolutamente indispensable como un elemento de vida la ilusión; como también lo confirman otras experiencias.

Un ejemplo y documento de lo antes expuesto se nos presenta en la conformidad de los orígenes de donde derivan los absurdos del Antiguo y Nuevo Testamento, entre otras, la teoría cristiana, sentada por Agustín, renovada por Lutero, de la predestinación y la gracia, siendo la conclusión de uno y otro que la gracia se ha concedido de antemano, y que, por consiguiente, se recibe al nacer, y que pronto en el mundo se pone en práctica este privilegio, y realmente, en los asuntos más importantes. La indecencia y el absurdo derivan aquí simplemente de la suposición del Antiguo Testamento de que el hombre es obra de una voluntad ajena y puede ser hundido en la nada por ésta. Por el contrario, teniendo en cuenta que las más nobles prerrogativas morales son verdaderamente innatas, la cuestión toma ya una significación completamente distinta y más razonable con la hipótesis brahmánica y budista de la metempsicosis, según la cual, lo que uno llevaba consigo en el nacimiento, y por consiguiente en otro mundo y en una vida anterior, y lo que le distingue de otro, no es el don de una voluntad ajena, sino el fruto de los actos que uno ha realizado en aquel otro mundo. Del dogma de Agustín sólo se infiere que entre la corrompida mayoría del género humano, destinada por eso a eterna condenación, sólo muy pocos, y en realidad éstos a consecuencia de la predestinación, se salvarán y serán bienaventurados, y los restantes serán condenados a la merecida perdición, y, por consiguiente, a las eternas llamas del infierno. *Sensu proprio* tomado, el dogma es aquí irritante. Por que no sólo abandona, en virtud de sus eternos tormentos del infierno, a los descarriados o también a los incrédulos, de los cuales apenas uno expiaría una vida de veinte años con tormentos inacabables; sino que resulta de ahí que esta condenación casi general es propiamente obra del pecado original, y, por lo tanto, consecuencia necesaria de la primera caída. Pero esto debía haber lo previsto de todos modos Aquel que en un principio no hizo a los hombres mejores de lo que son, porque les ha creado un pecado en el que debe saber que incurrirán, puesto que todo junto era obra suya, y no ha permanecido oculto para él. Por consiguiente, tiene una debilidad: llamar a la existencia, sacándolo de la nada, al género humano, sometido al pecado, para condenarlo después a las penas eternas. Finalmente, síguese de aquí que Dios, que prescribe la indulgencia y el perdón de todas las culpas y hasta el amor a los enemigos, no la enseña, sino antes al contrario, incurre en el extremo opuesto; porque una pena que al fin de la culpa comienza, cuando todo podía tener enmienda, es pura venganza. Además, parece ser, si bien se mira, que, en realidad, todo el género humano estaba condenado terminantemente a las penas y a la condenación eternas; hasta aquellos pocos elegidos que, por la predestinación, no estaban incluidos entre éstos. Pero esto puede mirarse por dos Jados; resulta de ahí que si el amable Dios se ha apoderado del mundo, debe invocarse al demonio: por lo cual obraría mucho mejor con omitirlo. Así ocurre con los dogmas cuando se toman *sensu proprio*, por el contrario, concebidos *sensu allegorico*, todo esto es una interpretación habilidosa y satisfactoria. Pero ante todo, el absurdo, más aún, el inconveniente de esta doctrina es, como dijimos, una consecuencia del teísmo judaico, con su creación de la nada y la abjuración, con ella relacionada y verdaderamente paradójica y caprichosa de la mencionada doctrina de la metempsícosis, por sí misma evidente en cierto modo, y por eso adoptada por todo el género humano, con excepción de los judíos, en todos los tiempos. Igualmente, para allanar el colosal obstáculo de aquí derivado ya, para suavizar los inconvenientes del dogma, el Papa Gregorio I, en el siglo vi, creó muy cuerdamente la doctrina del Purgatorio, que en lo esencial ya se encuentra en Orígenes, y formalmente prescribió la fe de la Iglesia a él, con lo cual la cuestión se facilitó mucho, y la metempsícosis se estableció en cierto modo; porque tanto una doctrina como otra contienen un proceso de purificación. Con la misma mira se estableció la doctrina de la restitución de todas las cosas, por la cual, en el último acto de la comedia del mundo, hasta los pecados, juntos y aisladamente, se restituyen *in integrum*. Sólo los protestantes, en su obstinada fe en la Biblia, no han admitido las penas eternas del infierno. Enhorabuena, puede responder quien sea malicioso; sólo que para eso el consuelo es que tampoco creen en su cielo imaginario, sino que provisionalmente dejan planteada la cuestión: lo otro no sería tan malo.

Agustín, a causa de su inteligencia rígida y sistemática, por su rigurosa dogmatización del cristianismo, por su sólida determinación de las doctrinas expuestas en la Biblia y fluctuantes sobre una base caprichosa siempre, ha esbozado esos contornos tan recios y aquella deducción tan áspera que hoy nos parece ofensiva, y por eso, como el pelagianismo en su propia época, se ha creado en la nuestra el racionalismo. Por ejemplo, en la obra *De civitate Dei*, San Agustín toma la cuestión *in abstracto*, para considerarla así propiamente: un Dios *crea a un ser de la nada*, confiere al mismo prohibiciones y mandatos, y, porque éstos no se cumplen, le atormenta por toda una interminable eternidad con todos los suplicios concebibles, para cuya conveniencia junta luego indisolublemente el cuerpo y el alma; con eso jamás el tormento de este ser, por descomposición, puede aniquilarse, y así llega a vivir eternamente con eterna pena; a este pobre hombre sacado de la nada, que tiene por lo menos un derecho a su nada primitiva, que puede ser la última *retraite*, muy mala en todo caso, debe asegurársele el derecho como su propiedad heredada. No puedo abstenerme por lo menos de simpatizar con él. Las restantes doctrinas de Agustín se reducen a que, en efecto, todo esto no puede depender propiamente de sus actos y omisiones, sino que está determinado de antemano por la predestinación, porque no se sabe lo que debe decirse. Indudablemente nuestros racionalistas dicen: "Eso no es todo cierto también, sino puro coco; sino que estamos en progreso continuo, de etapa en etapa, para elevarse siempre a mayor perfección". Sólo es lástima que no hayamos avanzado más, porque entonces estábamos ya allí. Nuestra confusión entre esas declaraciones aumenta cuando oímos de una vez el voto de un hereje acérrimo y condenado a la hoguera, Julio César Yanini: "si Dios no quisiese que en el mundo reinasen las acciones perversas y criminales, indudablemente exterminaría y desterraría todos los crímenes fuera de los límites del mundo con una decisión, porque ¿quién de nosotros puede resistir a la divina voluntad? ¿Cómo sin la anuencia de Dios pueden cometerse malas acciones, si aun en el acto de pecar proporciona fuerzas a los malvados? Según eso, si el hombre peca contra la voluntad de Dios, Dios será inferior al hombre, que le combate y vence. De aquí se deduce que Dios desea que el mundo sea tal como es; si lo quisiera mejor, mejor lo tendría." Más adelante dice: "si Dios quiere los pecados, los hace, porque está escrito que todo lo que quiere lo hace. Aunque no lo quiera, se cometen no obstante; luego ha de decirse que es imprevisor, o impotente, o cruel, puesto que no sabe, o no puede, o no quiere cumplir sus derechos." Aquí se ve claro al mismo tiempo, porque hasta el día de hoy el dogma del libre albedrío se consideró *mordicus*; aunque desde Hobbes hasta mí todos los más serios y sanos pensadores lo han reprobado como absurdo, como puede verse en mi obra sobre el libre albedrío. Indudablemente era más fácil condenar a Yanini que refutarle; por eso se acudió a lo primero, puesto que se le cortó la lengua. Lo último no está hoy permitido a todos; puede tratarse de eso, no obstante, no con hueca palabrería, sino seriamente, con pensamientos.

La interpretación de Agustín, exacta en sí, por el excesivo número de pecadores y el extraordinariamente reducido de los predestinados a la eterna bienaventuranza, se encuentra también en el brahmanismo y en el budismo, pero se crea a sí misma un obstáculo a causa de la metempsícosis; puesto que en realidad el primero, su emancipación final, y el segundo, el nirvana (ambos equivalentes a nuestra bienaventuranza eterna), también las extienden a muy pocos, que, sin embargo, no por eso son privilegiados, sino que han venido ya al mundo con los méritos hechos en la vida anterior, y ahora vuelven por el mismo camino. Por eso todos los restantes no son precipitados en las eternas hogueras del infierno, sino que entran en el mundo merecido por sus actos. Quien preguntase, por consiguiente, al maestro de estas religiones dónde y cómo están actualmente todos aquellos restantes no incluidos en la emancipación, recibiría de él esta respuesta: "mira a tu alrededor y aquí están éstos; éste es su campo de batalla, éste es *Sansara*, es decir, el mundo de la concupiscencia, del nacimiento, del dolor, de la vejez, de la enfermedad y de la muerte". Por el contrario, sólo concebimos *sensu allegorico* el dogma agustiniano de que estamos hablando, del escaso número de escogidos y del tan enorme de eternos condenados, para intepretarlo en el sentido de nuestra filosofía; así se conciba con la verdad de que indudablemente sólo unos pocos llegan a la renuncia de la voluntad, y de ese modo a la emancipación de éste mundo (como entre los budistas al Nirvana). Lo que, por el contrario, hipostatiza el dogma como condenación eterna, sólo es este mundo nuestro; en él caen aquellos restantes. Es bastante malo: es el purgatorio, es el infierno, y en él están también los demonios. Obsérvese simplemente los que los hombres hacen contra los hombres, con qué sutiles martirios aflige uno a otro lentamente hasta la muerte, y pregúntese si el demonio puede hacer más. De igual modo, también la estancia en él es interminable para los que no se convierten y perseveran en la afirmación de la voluntad por la vida. Pero, verdaderamente, si me pregunta un asiático lo que es Europa, debo responderle así: es la parte del mundo donde se sostienen convicciones completamente inauditas e increíbles, como que el nacimiento de los hombres es su origen absoluto y que salen de la nada.

En lo más íntimo de ellas, y para formar idea de ambas mitologías, el *Sansara* y el *nirvana* de Buda son idénticos a las dos *civitates* de Agustín, en las cuales divide el mundo, la *civitas terrena* y la *coelestis*, como explica en los libros *De civitate Dei*. El *demonio* es en el cristianismo una personalidad muy necesaria, como contraposición a la suma bondad, a la omnisciencia y a la omnipotencia de Dios, y de las cuales no se puede uno formar muy bien clara idea, porque ¿de dónde ha de venir el mal del mundo, preponderante, inacabable e ilimitado, sino es del demonio,para tomárselos en cuenta? Por eso, desde que los racionalistas lo han anulado, el perjuicio creciente por la otra parte se ha hecho cada vez más palpable; como estaba previsto y presagiado por los ortodoxos. Porque no se puede quitar un pilar de un edificio sin perjudicar el resto de la construcción. Con eso se confirma también lo que se ha establecido en otra parte, a saber: que Jehová es una transformación de Ormuz y Satanás de Ariman, inseparable de aquél, pero el mismo Ormuz es una transformación de Indra.

El cristianismo tiene el perjuicio peculiar de que no es, como otras religiones, una pura doctrina, sino que es sustancial y fundamentalmente una historia, una ringlera de acontecimientos, un agregado de hechos, de acciones del ser individual, y de igual manera esta historia crea el dogma y hace consoladora la fe en él. Otras religiones, especialmente el budismo, tienen una adición histórica en vida de su fundador; pero ésta no es parte del dogma mismo, sino que va unida a éste. Puede compararse, por ejemplo, el *Lalitaristara* con el Evangelio, en cuanto que contiene la vida de Shakya-Menni, el período en que Buda residió en el mundo; pero esta es una cuestión completamente distinta y aislada del dogma, del budismo mismo, supuesto que el transcurso de la vida de Buda era completamente distinto de su vida anterior y había de ser completamente distinto de la futura. El dogma no está aquí unido en manera alguna a la vida de su fundador, y no depende de personajes individuales ni de hechos, sino que es general y válido igualmente para todas las épocas. Por eso el *Lalitaristara* no es un Evangelio en el sentido cristiano de la palabra, no es un relato entretenido de hechos de uno que ha renunciado, sino la vida de aquel que ha dado la dirección para saber cómo cada cual ha de renunciar a sí mismo. De aquella propiedad histórica del cristianismo resulta que los chinos se mofan de los misioneros como de narradores de cuentos.

Otro de los defectos fundamentales del cristianismo, que en esta ocasión debe mencionarse, pero no porque aclare nada, aunque manifiesta cotidianamente sus atroces consecuencias, es que ha librado a los hombres de una manera antinatural del mundo animal a que pertenecían sustancialmente, y los ha dejado completamente aislados para que pueda considerar a los animales como cosas, mientras que el brahmanismo y el budismo, fieles a la verdad, reconocen decisivamente la manifiesta afinidad de los hombres en general con toda la Naturaleza, y ante todo y principalmente con la animal, y los pone, por medio de la metempsícosis, y aparte de ella, en íntima comunicación con el mundo animal. El significativo papel que en el brahmanismo y en el budismo desempeñan los animales, comparado con la nulidad total de los mismos en el judeo-cristianismo, arranca a este último el cetro de la perfección; no obstante, en Europa se han acostumbrado a ese absurdo. Para atenuar aquel yerro, al parecer, pero en realidad para agravarlo, nos tropezamos la artimaña, tan ruin como desvergonzada, mencionada ya en mi Ética, de designar todas las necesidades naturales que los animales tienen de común con nosotros, y que demuestran ante todo la identidad de su naturaleza con la nuestra, como el comer, beber, preñez, nacimiento, muerte, etc., con palabras completamente distintas que entre los hombres. Esta es verdaderamente una treta ruin. El mencionado error sólo es una consecuencia de la doctrina de la creación de la nada, según la cual el Creador formó a los animales completamente como cosas, y sin cuidarse de hacerlos perfectos, como si fuese un vendedor de perros cuando se separa de su cría, y dejó lo que le quedaba a los hombres para que los dominase, con lo cual, en el segundo capítulo, le constituyó en primer profesor de zoología, con la comisión de darles nombres, que ya debía llevar aprendidos de antemano, lo cual sólo es un símbolo de su absoluta dependencia de él, esto es, de su ilegalidad. ¡Santo Ganges! ¡Madre de nuestra raza! ¡Esos historiadores me dan náuseas con la suciedad judía y el hedor judaico! Pero ¡ah!, las consecuencias de eso se ven palpables hoy día, porque se han infiltrado en el cristianismo, al cual elogian muchos diciendo que su moral es la más perfecta. Verdaderamente tiene una grande y esencial imperfección, que consiste en que sus progresos se limitan a los hombres, y dejan inertes a todos los animales. Por eso en la protección del mismo contra la tosca, insensible y muchas veces más que bestial multitud, la política debe ocupar el puesto de la religión, y para que esta situación no persista hoy día se forman sociedades para la protección de animales, sobre todo en Europa y América, cosa que en toda el Asia incircuncisa es la cuestión más superflua del mundo, puesto que allí la religión protege bastante a los animales, y hace con ese objeto beneficencia positiva, cuyos resultados comprobamos, por ejemplo, en el gran hospital de animales *(Thierspital)* en Sura, en el cual pueden albergar a sus animales enfermos tanto cristianos como mahometanos y judíos; pero después de una cura detenida no siguen allí, lo cual es muy acertado; de igual manera en cada contingencia personal, en cada suceso feliz, el brahmanista o el budista no canta un *Te Deum*, sino que va al mercado y compra pájaros para abrir sus jaulas y soltarlos en las puertas de la ciudad, como ya ha habido muchas ocasiones de observar en Astrakán, donde se juntan secuaces de todas las religiones, y en otras cien cosas análogas. Por el contrario, se nota en nuestros pueblos cristianos una crueldad contra los animales que clama al cielo, pues los matan sin necesidad y muy alegremente, o los mutilan y los martirizan, y hasta al caballo, que es el que le sirve inmediatamente, lo destina en su vejez a trabajar con sus pobres huesos hasta el último extremo y hasta que cae rendido a sus golpes. Verdaderamente puede decirse: los hombres son los demonios de la tierra, y los animales las almas atormentadas. Esas son las consecuencias de aquella instalación escenográfica en el jardín del Paraíso. Porque al pueblo sólo se llega con la fuerza o por la religión; pero aquí el cristianismo nos deja ignominiosamente plantados. He oído de labios de persona fidedigna que un predicador protestante, invitado por una Sociedad protectora de animales para echar un sermón contra el suplicio de los animales, replicó que, a pesar de sus buenos deseos, no podía, porque su religión no le daba apoyo ninguno. Este hombre era honrado y tenía razón. Un manifiesto de la tan estimable Sociedad de Munich para la protección de los animales, que data del 27 de Noviembre de 1852, se propone con mejores miras "la conservación de los Estatutos referentes al mundo animal" contenidos en la

Biblia, y cita: *Los Proverbios de Salomón*, 12, 10; *Sirach*, 7, 24; *Salmo* 147, 9; 104, 4; *Job*, 41; *Mateo*, 10, 29. Sólo que esto no pasa de ser una *pia fraus*, tramada con objeto de que no se consulten los pasajes: sólo el primero, muy conocido, dice algo perteneciente a eso, aunque muy insignificante: los restantes hablan, verdad es, de los animales, pero no de su conservación. ¿Y qué dice aquel pasaje? "El justo se compadece de sus bestias." ¡Se compadece! Esa expresión vendría bien para decir: el hombre se compadece de un pecador, de un delincuente, pero no de un leal animal sin culpa alguna, que muchas veces es el que da de comer a su amo, y no tiene en recompensa más que un pasto frugal. ¡Se compadece! No compasión, sino justicia se debe a los animales: y queda responsable en su mayor parte, en Europa, esta parte del mundo que está inficionada por el *faetor judaicas*, de que la simple y manifiesta ver dad, "el animal es en lo esencial lo mismo que los hombres", sea una ofensiva paradoja. La protección de los animales depende de las sociedades fundadas con ese objeto y en la policía; pero ambas pueden poco contra aquella inhumanidad del pueblo, aquí donde se trata de seres que no pueden quejarse, y donde de cien crueldades apenas puede descubrirse una, particularmente cuando han de ser suaves los castigos. En Inglaterra se ha establecido la pena eclesiástica de garrote, que me parece adecuada. Sin embargo, ¿qué se ha de esperar del pueblo cuando existen sabios y zoólogos que, en vez de enseñarle la identidad tan íntima y palpable de lo esencial en el hombre y en el animal, son lo bastante fanáticos y limitados para armar polémicas y discutir contra los colegas honrados y razonables que colocan a los hombres en una clase especial de animales o demuestran la gran semejanza del chimpancé y del orangután con él? Pero es verdaderamente escandaloso que el decidido cristiano y devoto Jung-Stilling emplee la siguiente alegoría: "de súbito se agruparon los esqueletos en una figura minúscula inexplicablemente horrible; así como una gran araña, cuando se coloca en el foco de un vidrio fosforescente, y sorbe y hierve en la llama la sangre purulenta". Así, pues, tal infamia ha cometido este hombre contra Dios o como tranquilo observador —lo que, en este caso, deriva de uno;— ve tan poco mal en esto, que nos lo cuenta de pasada, despreocupadamente. Esos son los resultados del primer capítulo del Génesis, y sobre todo de la interpretación judaica de la Naturaleza. Por el contrario, entre los indios y los budistas existe la gran palabra: *tat-ticam asi* (así eres tú), que se pronuncia siempre sobre todo animal, para mostrarnos la identidad de la esencia existente en él y en nosotros para dirección de nuestros actos. Teñidme ahora con vuestra moral perfectísima.

Cuando yo estudiaba en Gottinga, Blumenbach nos hablaba muy apasionadamente, en el Colegio de Fisiología, sobre lo horrible de la vivisección, y nos afirmaba que era una cosa cruel y espeluznante: por esta razón debía emplearse sólo en casos muy raros y en investigaciones de utilidad muy considerable e inmediata; porque debía llevarse a cabo con gran notoriedad, en presencia de un numeroso auditorio, después de publicar un llamamiento a todos los médicos; para que celebrado el cruel sacrificio de la ciencia, pueda reportar la mayor utilidad posible. Hoy día cada medicastro se cree autorizado para llevar a cabo el cruel suplicio de animales en su laboratorio, para resolver el problema cuya solución está en los libros, en los cuales él, corrompido e ignorante, ha de meter su hocico. Nuestros médicos no tienen ya la educación clásica como antes, cuando les confería cierta humanidad y un viso de nobleza. Eso actualmente resulta posible en la Universidad, donde sólo aprenderá a confeccionar cataplasmas, y con eso a prosperar y sacar lucro luego. Merece especial mención la atrocidad que ha cometido el barón Ernesto de Bibra en Nuremberg, y que cuenta al público con inconcebible ingenuidad *como una cosa bien hecha* en sus *Investigaciones comparativas sobre el cerebro de los hombres y de los animales vertebrados*; ¡ha dejado muertos de hambre dos conejos iguales, para realizar una ociosa e inútil investigación, y obtener una alteración de proporción y el principio químico del cerebro, matando de hambre! En beneficio de la ciencia: ¿no es eso?

¿Por qué dejar a estos señores del escalpelo y del crisol no sonar que primero son hombres y luego químicos? ¿Cómo se puede dormir tranquilo, mientras han de sufrir los animales, separados de su madre, la interminable y atormentadora muerte por inanición, bajo llave y cerrojo? ¿No se asusta uno en el sueño? ¿Y esto se ve en

Baviera, donde, bajo los auspicios del príncipe Alberto, el digno y meritísimo consejero áulico Perner presenta como ejemplo a toda la Alemania la protección de los animales contra la grosería y la inhumanidad? ¿No hay en Nuremberg ninguna sociedad análoga a la que existe en Munich? ¿Ha de quedar impune la inhumana acción de Bibra, ya que no pueda impedirse? Al menos quien tanto ha aprendido en los libros como este señor de Bibra debía pensaren que las últimas respuestas se obtienen por medio de la crueldad de someter al tormento la naturaleza animada para enriquecer su sabiduría: porque para esto existen muchos otros yacimientos sin explotar, sin que sea necesario condenar a muerte a inofensivos y desamparados animales. Hace, por ejemplo, investigaciones detalladas sobre la relación del peso del cerebro con el del resto del cuerpo, siendo así que, después de lo indagado por Sommerring con luminosa penetración, está reconocido, generalmente, y ya es indiscutible, que el peso del cerebro no está en relación con el del resto del cuerpo, sino con el de todo el restante sistema nervioso, y esto pertenece públicamente a los conocimientos preliminares o de cultura general, que deben haberse logrado antes de emprender investigaciones experimentales sobre el cerebro de los hombres y de los animales. Pero indudablemente es más fácil martirizar lentamente hasta darles muerte a inofensivos animales que aprender algo. ¿Qué delito habían cometido en todo el mundo los inofensivos y desamparados conejos para que se les dé la pena de muerte lenta por inanición? Para la vivisección ninguno está autorizado, si no conoce y lo sabe ya todo lo que está acerca de eso en íntima relación con los libros. Los biólogos franceses parecen anticiparse, y los alemanes parecen seguirles fervorosamente en la ejecución de los suplicios crueles sobre animales desamparados, muchas veces en gran número, para resolver cuestiones puramente teóricas, muchas veces fútiles. A los ejemplos que me han indignado pertenecen también éste: el profesor Luis Fick, en Marburgo, en su libro Sobre las cuestiones fundamentales de las formas de huesos, advierte que ha extirpado el globo del ojo de animales jóvenes, para obtener con eso una confirmación de su hipótesis de que actualmente los huesos se han introducido en la ranura.

Es público en esta época que la interpretación judaica de la naturaleza, al menos con respecto a los animales, toca a su fin, *y el ser eterno, que, como en nosotros, late también en todos los animales*, reconocido como tal, se conservará y se apreciará. En todos sentidos es preciso estar ciego o cloroformizado totalmente por el *faetor judaicus*, para no comprender que el animal en lo esencial y en lo fundamental es lo mismo que nosotros somos y que la diferencia radica simplemente en el accidente, la inteligencia, no en la sustancia, que es la voluntad. El mundo no es ninguna obra manual, y los animales su manufactura para nuestro uso. Iguales opiniones deben abandonar las sinagogas y los auditorios políticos, que en lo esencial no son tan diferentes. El mencionado conocimiento nos da, por el contrario, la regla para el buen trato de los animales. A los santurrones y curas les aconsejo que controviertan mucho esto; porque esta vez no sólo la verdad, sino también la moral, está de nuestra parte. El mayor beneficio de los ferrocarriles es que ahorran a millones de caballos su calamitosa existencia.

Es cierto que el hombre criado en el norte, y por eso mismo muy exigente en la alimentación, necesita carne de los animales, aunque en Inglaterra existen vegetarianos; mas ¿por qué ha de hacérseles completamente palpable la muerte a esos animales por medio del cloroformo y de la acción pronta de letales líquidos? Y en verdad, fundándose, no en la "compasión", como se expresa el Antiguo Testamento, sino en la maldita lucha contra el ser eterno que, como en nosotros, late en los animales. Debe cloroformizarse a todos los animales que han de ser degollados; este sería un muy noble proceder, honroso para los hombres, entre los cuales la alta sabiduría de Occidente y la sublime moral de Oriente se han puesto de acuerdo, puesto que el brahmanismo y el budismo no han limitado sus progresos a "dos prójimos", sino a "todos los seres vivos", que han puesto bajo su protección.

En primer lugar, cuando aquella verdad sencilla y sublime sobre toda ponderación de que *los animales en lo esencial y en lo fundamental son completamente idénticos a nosotros*, se hubiese inculcado en el pueblo, ya no se considerarían los animales como seres insignificantes, y en consecuencia el mal humor y la crueldad no serían patrimonio de todos los bribones; y no se toleraría que cada medicastro, cada loco aventurero pusiese a su prueba ignorancia por medio del suplicio horrible de un gran número de animales, como hoy día se estila. Indudablemente, es de notar que actualmente los animales se cloroformizan en su mayor parte, con lo cual evitan el dolor durante la operación, y después de ella pueden encontrar una muerte más rápida. Sin embargo, entre las operaciones, tan frecuentes en la actualidad, efectuadas sobre la base de la actividad del sistema nervioso, y de su actividad, sigue siendo innecesario este medio, porque precisamente renuncia a lo observado aquí. Habrá que recurrir a la vivisección en muchas ocasiones para el más moral con todos los animales: el perro, al cual, además, su sistema nervioso le hace excesivamente sensible al dolor.

Las sociedades protectoras de animales, en sus amonestaciones, siempre emplean el argumento peor de que la crueldad contra los animales conduciría a la crueldad contra los hombres; ¡como si sólo el hombre fuese un objeto inmediato del deber moral y el animal un objeto mediato y en sí una simple cosa!

5

SOBRE EL TEÍSMO.

Como el teísmo es la personificación de las partes y fuerzas aisladas de la naturaleza, así el monoteísmo lo es de toda la naturaleza.

Pero cuando trato de explicarme que hablo de un ser individual, le digo: "¡Dios mío! no he sido nada: pero me has creado, así que actualmente soy algo y existo en realidad"; y además de eso: "te doy gracias por este beneficio", y al fin: "si nada he valido, es culpa mía"; así que debo confesar que mi cerebro se ha hecho incapaz de cobijar esas opiniones, a consecuencia de los estudios filosóficos e indios. Lo mismo es la conclusión a que nos lleva Kant en la Crítica de la razón pura (en la sección titulada De la imposibilidad de una demostración cosmológica): "No puede uno excusarse de esa opinión, pero tampoco puede sufrirla: que un ser que concebimos como el superior entre todos los posibles, como si se dijese a sí mismo: Yo soy de eternidad en eternidad; fuera de mí no hay nada, a no ser lo que existe por mi voluntad: pero ¿cómo existo yo?" Dicho sea de paso, esta última pregunta, lo mismo que la sección entera antes citada, ha sido echada en olvido por los profesores de filosofía desde Kant, para convertir a lo absoluto en el tema principal y continuo de su filosofar, esto es, lo que no tiene ninguna causa. Eso es para ellos una opinión. Estas personas son incurables, y aconsejo que no se pierda el tiempo con sus escritos.

Que se forje un ídolo de madera, piedra, metal, o que se cree en conceptos abstractos, es lo mismo: sigue siendo *idolatría*, puesto que se tiene delante de sí un ser personal a quien se inmolan sacrificios, a quien se invoca, a quien se hacen acciones de gracias. Tampoco es muy distinto en el fondo inmolar sus ovejas o sus inclinaciones. Cada rito u oración demuestra irrefragablemente la *idolatría*. Por eso de todas las religiones nacen sectas místicas, consistentes en que suprimen todos los ritos para sus adeptos.

6
ANTIGUO Y NUEVO TESTAMENTO.

El judaísmo tiene por carácter fundamental el realismo y el optimismo, son parientes cercanos y las condiciones del teísmo propio; por eso éste nos hace considerar el mundo material como absoluto y real, y la vida propia de uno, y nos concede un agradable don. El brahmanismo y el budismo tienen, en contraposición, por carácter fundamental el *idealismo* y el *pesimismo*; por eso consideran el mundo como una existencia imaginaria, y la vida como consecuencia de nuestra culpa. En las doctrinas del *Zend-Avesta*, del cual desciende innegablemente el judaísmo, el elemento pesimista está representado por Ahriman. En el judaísmo este solo lo ocupa un puesto secundario en calidad de Satanás, que, no obstante, también como Ahriman es autor de las serpientes, de los escorpiones y de las sabandijas. El judaísmo le utiliza también para la reparación de su error fundamental optimista, a saber: el pecado original que, para confirmación de la verdad aparente, introduce el elemento pesimista en aquella religión, y es en ella la opinión más acertada; aunque abandona en el transcurso de la existencia lo que debía presentarse como base de aquella.

Una confirmación sólida de que Jehová es Ormuzd se ofrece en el primer libro de Esdras, en el capítulo LXX, traducido por Lutero así: "Ciro, el rey, abandonó la casa del Señor para construir a Jerusalem, donde sacrificó por medio del fuego perpetuo". También el segundo libro de los macabeos demuestra que la religión de los judíos ha sido la de los persas, porque se refiere que los judíos sometidos al cautiverio babilónico habían escondido, por instigación de Nehemías, el fuego sagrado en una cisterna desecada, y este se había conservado entre el agua y por un milagro se había encendido, para mayor edificación de los reyes persas. También Spiegel, hablando acerca de la religión del Zend, muestra el íntimo parentesco entre la religión del Zend y el judaísmo, y quiere que esta última derive de la primera. Como Jehová es una transformación de Ormuzd, así Ahriman lo es de Satanás, esto es, el enemigo de Ormuzd. Parece que el servicio de Jehová bajo Josías contaba con la ayuda de Hilkias, esto es, era prohijado por los persas y perfeccionado por Esdras, a la vuelta del destierro babilónico. Porque hasta Josías y Hilkias la religión de la naturaleza, el sabeísmo, la adoración de Belo, de Astarté, etc., dominó en Judea, aun bajo Salomón. Dicho sea de paso, como confirmación del origen del judaísmo en la religión del Zend, aléguese aquí que, según el Antiguo y Nuevo Testamento y otras autoridades judaicas, los querubines son seres con cabeza de toro, sobre los cuales anda montado Jehová. También en la narración de Ezequiel, aquellos animales, medio toro, medio hombre y medio león, son también muy análogos a las esculturas de Persépolis, especialmente a las estatuas asirias construidas bajo el reinado de Mosul y Nemrod, y aun hay en Viena una piedra tajada que representa a Ormuzd cabalgando en uno de esos bueyes querubines; de la cual se encuentran pormenores en el Armario vienes ele la literatura, Relato de los viajes a Persia. La exposición de aquel origen la ha presentado además J. G. Rhode, en su libro *Las cuestiones sagradas del pueblo persa*. Todo esto arroja luz sobre el árbol genealógico de Jehová.

El nuevo Testamento debe ser, por el contrario, acaso de procedencia india; demuestran ser índicas la ética contenida en la moral de Askeze y su pesimismo en su Avatar. Por estas cosas están en oposición, decisiva e íntima con el Antiguo Testamento; así que la historia del pecado original se dio como un miembro de enlace. Porque como aquellas doctrinas indias marcan el camino de la tierra de promisión, ahí están las lecciones, el conocimiento de la corrupción y de la miseria del mundo, su necesidad de redención y de bienaventuranza por medio de un Avatar; luego la moral de la renuncia a sí mismo y de la penitencia para unir con el monoteísmo judaico y su *todo muy bello*. Y resulta que se asocian dos doctrinas tan absolutamente heterogéneas, tan contradictorias.

Como una hiedra exige sostén y trepa a una estaca tosca y tajada, y si no sale contrahecha, hasta que se revista otra vez de vida y de atractivos, con lo cual nos presenta, en vez del suyo, un aspecto extraño, así la doctrina de Cristo, derivada de la sabiduría india, sobrepujó a la antigua cepa del tosco judaísmo, completamente heterogénea, y lo que de su forma primitiva debiera haber quedado se encarnó en algo completamente distinto: parece lo mismo, pero es otra cosa.

El Creador que sacó el mundo de la nada se identifica, en efecto, con el Salvador y, por medio de éste, con la Humanidad, en cuanto que es el representante de ésta, porque ésta se redimió en él, como en Adán había caído, y después había quedado encadenado en los grillos del pecado, de la perdición, de las desgracias y de la muerte. Porque como todo esto existe aquí, igual que en el budismo, el mundo se ve no a la luz del optimiento judaico, que ha dicho: "Todo muy bello"; al contrario, se llama actualmente al mismo demonio "príncipe de este mundo"; literalmente, el gobernante del mundo. El mundo no es ya el fin, sino el medio; el imperio del eterno goce está más allá de él, como el de la muerte. La renuncia a este mundo y la dirección de todas las aspiraciones a uno mejor es el espíritu del cristianismo. El camino para eso es la expiación, esto es, la liberación del mundo y de sus obras. En la moral se ha introducido, en vez del derecho de venganza, el precepto del amor a los enemigos; sustituye a la promesa de innumerable descendencia la promesa de vida eterna, y al castigo del crimen en los hijos basta la cuarta generación el Espíritu Santo, que todo lo perdona.

Así vemos por las doctrinas del Nuevo Testamento rectificadas y desterradas las del Antiguo, con lo cual se saca a luz una conformidad en lo íntimo y esencial con la antigua religión de la Judea. Todo lo que es verdadero en el cristianismo se encuentra también en el brahmanismo y en el budismo. Pero el concepto judaico de una nada vivificada, de una obra manual de cierto tiempo, que se conceptúa bastante humilde para aceptar una existencia efímera, llena de dolores, miserias y necesidades, y que por eso se atreve a dar gracias a Jehová, buscaríase inútilmente en el judaísmo y en el budismo. Porque como una emanación de flor que ha venido en el aire desde remotos países tropicales, sobre montes y ríos, así en el Nuevo Testamento el espíritu de la sabiduría india ha de barruntarse. Desde el Antiguo Testamento pasa a éste no sólo como el pecado original, sino también como el correctivo del teísmo optimista, y también se une al Nuevo como al único punto de apoyo que se le ofrece.

Pero como para el conocimiento fundamental una especie va precedida de su *genus* (género), este mismo, sin embargo, sólo se conoce en sus *speciebus* (especies); así para la declaración fundamental del cristianismo se exige el conocimiento, y en verdad el conocimiento sólido y duradero, de las otras dos religiones relacionadas: el brahmanismo y el budismo. Porque así como ahora el sánscrito nos facilita el conocimiento fundamental del lenguaje griego y latino, así el brahmanismo y el budismo nos facilitan el del cristianismo.

Albergo la esperanza de que algún día vendrán intérpretes de la Biblia conocedores de las religiones indias que puedan descubrir por rasgos especiales el parentesco de las mismas con el Cristianismo. Sólo llamo la atención, entretanto, a manera de ensayo, sobre lo siguiente. En la epístola de Santiago, la expresión *la rueda del nacimiento* ha sido en todo tiempo *martirio de los intérpretes*. Pero en el budismo la rueda de la transmigración de las almas es un concepto muy usual.

Según el Glosario de Hyraul, *Hansa* es sinónimo de *Sanniassi*. ¿Estará acaso en relación con eso el nombre *Johannes* (Juan), que nosotros hacemos Hans, y con la vida de Sanniassi en el desierto?

Una extraordinaria y casual analogía del budismo con el cristianismo es la de que en el país no dominó a su nacimiento; por consiguiente, ambos pueden decir que "el profeta no disfruta de honor en su propia patria".

Para aclarar aquella relación con las doctrinas indias, pueden formarse toda suerte de conjeturas; así puede suponerse que la noticia evangélica de la huida a Egipto tiene por base algo histórico y que Jesús fue instruido por los sacerdotes egipcios, cuya religión fue de origen egipcio, y que recibió de ellos la ética india y el concepto del Avatar, y después procuró adaptar por sí todo eso a los dogmas judaicos e ingerir en la añeja cepa. Se presiente que su propia superioridad intelectual y moral le ha impulsado a conservarse a sí mismo por un avatar y en consecuencia a llamarse hijo de los hombres, para significar que era más que un mero hombre. Se inclina uno a pensar que, por la fuerza y pureza de su voluntad, y en virtud de la omnipotencia, que recurre sobre todo a la voluntad como cosa en sí y que nosotros podemos comprobar en el magnetismo animal y en esta eficacia mágica, también había estado en condiciones de hacer los llamados milagros, esto es, obrar por medio del influjo metafísico de la voluntad; por lo cual igualmente vino en buena ocasión la enseñanza de los sacerdotes egipcios. Estos milagros después han agrandado y multiplicado las cuestiones. Porque un milagro propio era, sobre todo para un *dementi*, que la naturaleza se creó a sí misma, pues los Evangelios han favorecido su dignidad de fe por la relación de los milagros. Entretanto debemos dedicarnos a nuestras suposiciones de esa clase de una manera propia y claramente, como Pablo, cuyas epístolas principales son tan auténticas que tantos contemporáneos de las mismas podían presentar al muerto como Dios encarnado y como Uno con el Creador del Mundo, puesto que además ansiosamente apoteosis comunes de estas especie y categoría exigían muchos siglos para efectuarse plenamente. Por otra parte, podía tomarse un argumento contra la autoridad de las cartas de Pablo.

Que especialmente nuestros Evangelios acaso tienen por base un original o por lo menos fragmentos de la época y circunstancias del mismo Jesús, debo inferir directamente la escandalosa profecía de la transformación del mundo y de la vuelta del Señor al pueblo, que deben tener lugar, todavía estaban presentes en vida del mismo que hizo la promesa. Que estas promesas quedaran sin cumplir, es una circunstancia molesta, que no sólo oponen un obstáculo en épocas posteriores, sino que ya han preparado las indecisiones a Pablo y Pedro, que están resueltas en el libro, muy digno de leerse de Reimaro, "De la educación de Jesús y su juventud". Sólo los Evangelios, acaso cien años más tarde, fueron compuestos sin documentos presentes y contemporáneos; así se ha guardado bien de introducir esas profecías, de las cuales ya salió a luz tan espantosa nulidad. Igualmente serían muy pocos todos aquellos pasajes de los Evangelios con los cuales Reimaro construye muy ingeniosamente lo que llama el primer sistema de la juventud, y según el cual Jesús sólo era un libertador universal de los judíos; si no, el compositor de los Evangelios habría trabajado sobre la base de los documentos contemporáneos, que contienen esos pasajes. Porque una sola tradición oral entre los fieles debiera dejar pasar cosas que proporcionasen inconvenientes a la fe. Dicho sea de pasada, Reimaro ha examinado con arreglo a su hipótesis de una manera incomprensible otros pasajes favorables. Pero estas hipótesis debían hacerse valer seriamente y debían admitir que la organización religiosa y moral del cristianismo ponía en relación a los judíos expertos con los dogmas de fe alejandrinos, indios y budistas, y se toma como punto de apoyo de los mismos un héroe político, con su destino trágico, puesto que se transformó al Mesías primitivamente terrestre en celestial. Indudablemente esto argumenta muy bien contra sí mismo. No obstante, el principio místico sostenido por Strauss para aclaración de la historia evangélica, al menos para les mismos pormenores, sigue siendo el exacto; y sería difícil determinar cómo se extiende. Lo que sobre todo tiene por una condición de lo místico, debe ponerse de manifiesto en ejemplos más próximos y menos peligrosos. Así, por ejemplo, en toda la Edad Media, así en Francia como en Inglaterra, el rey Arturo es un personaje que conserva el mismo carácter estable, muy dramático y sorprendente y que observa la misma conducta, y constituye en su tabla redonda, sus caballeros, sus inauditas proezas, su asombroso Senescal, su fiel Gatinu y además Lancelot, etc., el tema perpetuo de los poetas y novelistas de muchos años, que nos presentan todos el referido personaje con el mismo carácter, también relatan medianamente sus aventuras, pero sólo en los usos y costumbres, conforme a la medida de su propia época, difieren unos de otros. En nuestros últimos años hemos enviado la expedición francesa del señor de la Villemarqué a Inglaterra para indagar el origen de los mitos de aquel rey Arturo. Ese ha sido, con respecto a lo ficticio que se da como base, el resultado de que, al principio del siglo vi, en Gales, un cierto Hauptling, por nombre Arturo, haya combatido con los invasores sajones, infatigables, y sus hazañas insignificantes se hayan olvidado, sin embargo. En él reside también la glosa de que su persona se haya celebrado durante tantos siglos en innumerables cantares, romances y novelas.

Casi igual ocurre con Roland, que es el héroe de toda la Edad Media, y en innumerables cantares, cancioneros épicos y novelas se celebra, hasta que da su materia al Ariosto y se glorifica resucitado: éste en la Historia sólo se menciona una vez, incidentalmente y con tres palabras, puesto que, en efecto, Eguihard le designa entre los caudillos muertos en Roncesvalles, con el nombre de *Roland, prefecto de la frontera británica*, y eso es todo lo que de él sabemos; como todo lo que propiamente sabemos de Jesucristo es el pasaje de Tácito. Otro ejemplo se nos ofrece en el famoso Cid de los españoles, a quien glorifican todos los cánticos y crónicas, pero sobre todo los cantares populares contenidos en el tan famoso, sorprendente y bello *Romancero*, y finalmente, en la mejor obra trágica de Corneille, y por eso es introducido en las principales aventuras, especialmente en la que atañe a Jimena; mientras que los datos históricos, muy escasos sobre él, no le presentan como un caballero verdaderamente bravo y un insigne caudillo, pero de carácter muy cruel y pérfido, más aún, venal, siguiendo tan pronto este como aquel partido y sirviendo tan pronto a los cristianos como a los sarracenos; casi como un condotiero; no obstante, se casa con una tal Jimena, como puede verse en los *Recherches sur l'histoire de l'Espagne*, por Dozy (volumen I, 1849); el primero que parece haber acudido a buenas fuentes. ¿Cuál puede ser el fundamento histórico de la *Ilíada*? Más aún, para traer muy cerca la cuestión, piénsese en los cuentecillos de la manzana de

Newton, cuya falta de fundamento ya se ha demostrado, y no obstante se repite en miles de libros, como Eulero, en el primer volumen de sus *Cartas a la Princesa*, no ha dejado de indicar *con amore*. Especialmente si debemos abarcar toda la historia, nuestros descendientes no deben ser tan sumamente mentirosos como es fácil que lo sean.

7

SECTAS

El *augustinismo*, con su dogma del pecado original y lo que a él va unido, es, como ya dijimos, el cristianismo propio y bien entendido. El pelagianismo es, por el contrario, el esfuerzo por hacer retroceder el cristianismo al grosero e insulso judaísmo y su optimismo.

La Iglesia podía sufrir la lucha continua y separada entre el augustinismo y el pelagianismo, con tal que el primero hablase de la esencia de las cosas en sí y el último de la apariencia. Por ejemplo, el pelagiano negaba el pecado original, fundado en que el niño que no ha hecho nada todavía debe ser inocente. Igual ocurre con el libre albedrío, con la muerte del Salvador, con la gracia, con todo. A consecuencia de su simplicidad e insulsez, el pelagianismo dominará siempre; más que nunca, actualmente, en forma de racionalismo. Pelagiana mitigada es la Iglesia griega, y desde el Concilio Tridentino igualmente la católica, que ha querido ponerse por eso en oposición a Augustín, y por lo tanto al místico Lutero: no pocos de los jesuitas son semi-pelagianos. Por el contrario, los jansenistas son augustinistas, y su interpretación parece ser la forma más elevada del cristianismo. El protestantismo, que desecha el celibato y el ascetismo, como también a los santos, produjo por eso un cristianismo truncado, sin cúspide.

8

RACIONALISMO

El centro y el corazón del cristianismo es la doctrina del pecado original, de la primera caída, de la infamia de nuestro estado natural y de la depravación de la naturaleza humana, unidos por la intercesión y la expiación con el Salvador, con el cual es partícipe por la fe. Por eso se presenta como pesimismo, aunque es el optimismo de la religión judaica, como también el hijo legítimo de éstos, del islamismo, quiere pasar como directamente opuesto, cuando está emparentado, al brahmanismo y budismo. Por eso se sostiene que en Adán todos han pecado y se han emparentado, y en el Salvador todos han sido redimidos; que la esencia propia y la verdadera raíz de los hombres no radica en el individuo, sino en la especie, que es la *Idea* (platónica) de los hombres, cuyas apariencias aisladas en el tiempo son los individuos.

La diferencia fundamental de las religiones estriba en que sean optimismo o pesimismo; de ninguna manera en que sean monoteísmo, politeísmo, *trimurti*, trinidad, panteísmo o ateísmo (como el budismo). De esta suerte, el Antiguo y el Nuevo Testamento son opuestos uno a otro diametralmente, y su unión forma un Centauro asombroso. Aquél procede, innegablemente, de la doctrina de Ormuzd; éste, según su espíritu íntimo, está emparentado con el brahmanismo y el budismo; por consiguiente, desciende de ellos verosímil e históricamente. Aquél es una música en el modo mayor; éste en el modo menor. Sólo el pecado original forma en el Antiguo Testamento una excepción, permanece inservible, subsiste como un *hors d'oeuvre* hasta que el cristianismo le quitó el punto de enlace adecuado.

Sólo aquel carácter fundamental del cristianismo antes mencionado, que Agustín, Lutero y Melanchton muy acertadamente interpretaron y sistematizaron, nuestros modernos racionalistas de hoy, siguiendo las huellas de Pelagio, tratan de eliminarlo y borrarlo con todas sus fuerzas, para convertir el cristianismo en un judaísmo insípido, egoísta y optimista, con el aditamento de una moral mejor y de una vida futura, como la que apetece el consecuente optimismo completo, para que la gloria no tenga un fin tan rápido y se detenga la muerte, que es un argumento contra la opinión optimista y como el convidado de piedra para el alegre Don Juan. Estos racionalistas son personas honradas, pero compañeros insulsos, que no tienen noción alguna del profundo sentido de los mitos del Nuevo Testamento, y no pueden comprender del optimismo judaico sino lo que les es fácil de concebir y clarísimo. Quieren la verdad desnuda y escueta en lo histórico como en lo dogmático. Esto puede compararse con el evemerismo de la antigüeda. Lo que sostienen los sobrenaturalistas es en el fondo una mitología; pero eso mismo es la envoltura de profundas y considerables verdades, que no sería posible poner de otra manera en conocimiento del gran vulgo. Cómo, por el contrario, estos racionalistas están distanciados de todo conocimiento, más aún, de toda noción del sentido y espíritu del cristianismo, lo demuestra, por ejemplo, su gran apóstol Wegscheider, en su *Dogmática* ingenua, donde no se avergüenza de oponer a las profundas expresiones de Agustín y de los reformadores sobre el pecado original y la depravación esencial de los hombres en su estado de naturaleza la insípida prosa de Cicerón en los libros *De officiis*, porque ésta le parece más comprensible. Verdaderamente es asombrosa la ingenuidad con que este hombre ostenta su simpleza, bobería, y más aún, falta de sentido del espíritu del cristianismo. Pero es *unus e multis*. Bretscliaeider no ha encontrado en la Biblia la exégesis del pecado original, siendo así que el pecado y la redención constituyen la esencia del cristianismo.

Por otra parte, no ha de negarse que los sobrenaturalistas son alguna vez mucho peores quizás, es decir, curas en el sentido más deprimente de la palabra. Porque su cristianismo puede ser como salir de Escila para entrar en Caribdis. El error común de ambas partes es que buscan en la religión la verdad sin mezcla, escueta, literal. Pero ésta sólo se encuentra en la filosofía; la religión sólo posee una verdad como conviene al pueblo; una verdad indirecta, simbólica y alegórica. El Cristianismo es una alegoría que contiene un pensamiento verdadero; pero la alegoría en sí misma no es lo verdadero. Este es, por consiguiente, el error en que se dan la mano los sobrenaturalistas y los racionalistas. Aquellos quieren sostener que la alegoría es verdadera en sí; estos la ajustan y modelan hasta que, según su medida, puede ser en sí verdadera. Por lo tanto, cada partido combate contra el otro con motivos justos y sólidos. Los racionalistas dicen a los sobrenaturalistas: "Vuestra teoría no es verdadera". Estos, por el contrario, dirán a aquellos: "Vuestra teoría no es cristianismo". Ambos tienen derecho. Los racionalistas creen que toman la razón por medida; pero, en realidad, sólo la toman sobre las hipótesis del teísmo y del optimismo, de la razón, algo así como la *Profession de foi du vicaire Savoyard*, de Rousseau, ese prototipo de todo racionalismo. Del dogma cristiano no quieren dejar más que lo que consideran como verdadero *sensu proprio*; a saber, el teísmo y la inmortalidad del alma. Pero cuando apelan a la *razón pura* con la osadía de la ignorancia, debe utilizarse la *crítica* de la misma, para forzarles a comprender que estos sus dogmas escogidos, para conservarlos como conformes a la razón, se basan en una aplicación trascendental de los principios inmanentes, y, por consiguiente, sólo constituyen un dogmatismo filosófico anticrítico, y en consecuencia insostenible, como le combate la *Crítica de la razón pura* por todas partes, demostrando ser completamente vano; por eso ya su título denuncia su antagonismo contra el racionalismo. Por consiguiente, mientras que el sobrenaturalismo posee la verdad alegórica, al racionalismo no puede adjudicársele ninguna. Los racionalistas están francamente equivocados. Quien quiera ser racionalista debe ser filósofo, y como tal emanciparse de toda autoridad; ir a la delantera de todo y no retroceder. Pero para ser teólogo hay que ser consecuente, y no abandonar el fundamento de la autoridad, ni aun cuando se manda creer lo inconcebible. No se puede servir a dos señores: por consiguiente, o a la razón o a Cristo. Se llama *justo medio* a mantenerse entre dos asientos. ¡O creer o filosofar!; lo que se escoge, escójase por completo. Pero creer hasta cierto punto y nada más, o filosofar también hasta cierto punto y nada más, esto es andar a medias y constituye el carácter fundamental del racionalismo. Los racionalistas son, por el contrario, acérrimamente morales, de tal suerte que muy honradamente se ponen a la obra y sólo se engañan a sí mismos; mientras que los sobrenaturalistas, con su pretensión de tomar una simple alegoría por la verdad *sensu proprio*, tratan de engañar más bien a los otros. Por consiguiente, éstos se esfuerzan por presentar la verdad contenida en la alegoría; mientras que, por el contrario, los racionalistas, en su simplicidad e insulsez hiperbóreas, tiran por la ventana esta verdad, y con ella la esencia íntegra del Cristianismo; más aún, paso a paso llegan al fin donde Voltaire llegó con su vuelo ochenta años ha. Muchas veces es divertido ver cómo, con la afirmación de los atributos de Dios (la misma *quidditas*) cuando ya no les basta con la simple palabra y lema: Dios, se empeñan solícitamente en alcanzar el juste *medio* entre un hombre y una fuerza de la naturaleza, lo cual es difícil indudablemente. Entretanto, en aquel combate de los racionalistas y los sobrenaturalistas ambos partidos se pulverizan mutuamente, como los hombres armados de coraza en el campo de Cadmo, el de los dientes de dragón. La cuestión de muerte es el tartufianismo efectivo de una parte. En efecto, así como en el Carnaval de las ciudades italianas, entre las gentes que siguen a los más sosos y serios de sus compañeros se ven correr máscaras extravagantes, así vemos hoy día en Alemania entre los filósofos, naturalistas, historiadores, críticos y racionalistas corretear Tartufos, con el disfraz pasado de moda hace ya algunos siglos, y el efecto es burlesco, especialmente cuando arengan.

Los que piensan que las ciencias adelantan cada vez más y cada vez más pueden difundirse, sin que esto estorbe a la religión para subsistir y florecer, incurren en un grave error. La física y la metafísica son los enemigos naturales de la religión, y por eso ésta es la enemiga de aquellas, que se esforzó siempre en oprimirla como aquéllas se esforzaron en socavarla. Querer hablar de la amistad y conformidad de ambas, es sumamente ridículo: es un *bellum ad internecionem*. Las religiones son hijas de la ignorancia, que no sobreviven a su madre. Omar lo comprendió cuando quemó la biblioteca de Alejandría;

el motivo para esto fue que el contenido de los libros tenía algo contra el Corán o era superfino para los necios; pero es muy conveniente cuando sólo se conciben *cum grano salis*, como se decía entonces, que las ciencias, si se meten con el Corán, sean enemigas de las religiones y por eso no deban tolerarse. Sería mucho mejor para el Cristianismo que los gobernantes cristianos hubiesen sido tan cuerdos como Omar. Pero actualmente es algo difícil quemar todos los libros, abolir las Academias, dejar cerrar las Universidades valiéndose del *pro ratione voluntas*, para hacer retroceder a la humanidad donde estaba en la Edad Media. Y no basta con los oscurantistas: éstos se ven hoy como personas que quieren apagar la luz para robar. Así es manifiesto que gradualmente los pueblos irán sacudiendo el yugo de la fe: eso demuestran los síntomas, aunque en cada país se modifican. La cuestión fundamental es la que se ha planteado a muchos sabios. Los conocimientos de todas clases que efectivamente se multiplican y cada vez se difunden más en todas direcciones, ensanchan el horizonte de cada uno, y aun más allá de su esfera; tanto, que finalmente debe adquirir un conjunto contra el cual los mitos, que componen el armazón del Cristianismo, se encogen de manera que la fe no puede sostenerse ya. La humanidad crece; de manera que la religión queda encogida, como un vestido de niño. La fe y la ciencia no se llevan bien en la misma inteligencia; son allí como el lobo y el cordero en un mismo redil; y en realidad, la ciencia es el lobo que amenaza tragarse a su vecino. En su necesidad de la muerte la religión se une a la moral, de la cual quiere pasar por madre; pero ¡es tía! La legítima moral y moralidad es independiente de toda religión, aunque tocias las sancione y le sirvan de apoyo. En primer lugar, en las clases medias se reniega del Cristianismo para relegarlo a las clases bajas, donde es cuestión de convencionalismo, y en las clases altas, donde es cuestión de política, debe pensarse que se encuentra en ello una confirmación a la frase de Goethe: *así se cumple el fin y se está desacorde.*

La fe es como el amor: no se deja forzar. Por eso es una empresa incierta inculcarla mediante reglas del Estado o querer fortificarla; porque, como la tentativa de forzar el amor engendra el odio, así la de forzar la fe engendra la impiedad. La fe sólo puede inculcarse por disposiciones inmediatas, y de consiguiente muy lentas, puesto que se le prepara un buen terreno para que germine; ese terreno es la ignorancia. Por eso en Inglaterra, ya desde tiempos antiguos y basta los nuestros, se ha tenido cuidado con esto; de suerte que el 2/3 de la nación no puede leer; por eso domina también hoy todavía una fe de carbonero, como inútilmente se busca en otra parte. Ahora también el gobierno de la instrucción del pueblo está en manos del clero; con lo cual la fe va en decadencia. En conjunto, el cristianismo continuará siendo derrumbado por las ciencias, y llegará su fin. Entretanto para la misma esperanza se deduce de la consideración de que sólo viven esas religiones que no tienen documentos. La religión de los griegos y de los romanos, este pueblo dominador del mundo, ha decaído. Por el contrario, la religión del pueblo judío, desdeñado, se conserva; igualmente la del pueblo persa en los dadores. Por el contrario, ha decaído la de los galos, escandinavos y germanos. La brahmánica y budística subsiste y florece: son las más antiguas de todas y poseen documentos detallados.

9

En los siglos anteriores la religión era un bosque, detrás del cual conservaban ejércitos y podían ocultarse. Pero después de tantos azares sólo hay una obra de libros, detrás de la cual se esconden ladronzuelos. Ha de guardarse uno de aquellos que quieren meterse en todo y responderles con el proverbio antes citado: *detrás de la cruz está el diablo.*

APÉNDICE A ESTOS PASAJES

En vez de designar la verdad de las religiones como *sensu allegorico*, se pueden forjar, como lo hace la teología moral kantiana, hipótesis para fines prácticos o esquemas metódicos, según la especie de hipótesis físicas de corrientes de electricidad para aclaración del magnetismo, o de los átomos para aclaración de las proporciones de unión que se guarda uno de establecer como verdad objetiva y de las cuales hace uso, no obstante, para poner en relación las apariencias, porque con respecto al resultado y a la experimentación se efectúan fortuitamente como la misma verdad. Son estrellas polares para la comunicación y la consolación subjetiva entre los pensamientos.

Las religiones llenan y dominan el mundo, y la gran mayoría del género humano les obedece. Además se hace lenta la tranquila sucesión de los filósofos, que se habilitan por el bosquejo y la construcción, trabajo para los pocos en la explicación de los grandes misterios.

Lo que para una mala conciencia debe ser la religión ha de presumirse que consistirá en ahorrarle castigos penosos, para mofarse de ella. Para la gran mayoría los únicos argumentos válidos son los milagros; por eso todos los fundadores de religiones los realizan. Los teólogos tratan, ya de alegorizar, ya de naturalizar los milagros de la Biblia, para explicarlos; porque comprenden que *miraculum sigillum mendacii* (el milagro es el silencio de la mentira). Las bases de la religión apoyan el milagro, para dar certificación de su contenido; pero llega un tiempo en que se demuestra lo contrario.

Entre los muchos rigores y desdichas de los hombres no hay ninguno más inferior que este de que existen sin saber dónde, cómo y para qué; quien arranca del sentimiento esta desgracia y se eleva apenas puede abstenerse de sentir justa cólera contra aquellos que fingen tener convicciones especiales que nos quieren comunicar con el nombre de revelaciones. A los señores de la revelación debo aconsejarles que hoy día no hablen tanto de eso; de lo contrario, se les puede manifestar fácilmente lo que es en puridad la revelación.

Una desventaja peculiar del cristianismo, especialmente de sus pretensiones de ser la religión universal, es que, en la cuestión fundamental, acude a un acontecimiento individual y propio y hace depender de éste el destino del mundo. Esto es tan caprichoso que cada cual está autorizado para ignorar totalmente ese acontecimiento. Una religión que tiene por fundamento *un hecho individual*, acontece que lo convertirá en el solsticio del mundo y de toda la existencia; por eso tiene un fundamento tan endeble que puede hacerse imposible propagar sus ideas entre las gentes. ¡Cuán prudente es, por el contrario, en el budismo la elección de las mil encarnaciones de Buda! Con eso no ocurre, como en el cristianismo, en el que Jesucristo ha redimido al mundo y fuera de él no es posible ningún redentor; con lo cual los nacidos durante muchos miles de siglos, cuyos monumentos existen, suntuosos y magníficos, en Egipto, Asia y Europa, no pudieron conocerle; y aquella época, con toda su magnificencia inaudita, se la lleva el demonio. Las muchas encarnaciones de Buda son necesarias porque al fin de cada *kalpa* el mundo comprende sus doctrinas, y así un nuevo mundo conoce a un nuevo Buda. El redentor está siempre allí.

El que la civilización haya llegado a su punto culminante entre los pueblos cristianos no consiste en que el cristianismo le sea favorable, sino en que decae y tiene poco influjo ya; también con él estuvo mucho tiempo atrasada la civilización en la Edad Media. Por el contrario, el islamismo, el brahmanismo y el budismo todavía ejercen influjo en la vida, en China por lo menos; por eso la civilización de los europeos no se implanta. Toda religión está en antagonismo con la cultura.

Los Gobiernos europeos prohíben todo ataque a la religión del país. Pero esta misma envía a los países brahmánicos y budistas misioneros que atacan a las religiones de allí por su base y con vehemencia, para desempeñar un papel importante. Y luego claman ¡socorro!, cuando un emperador chino o un gran mandarín del Tonkín cortan la cabeza a esas gentes.

Capítulo II · Algo sobre literatura sánscrita

10

Respeto extraordinariamente las obras religiosas y filosóficas de la literatura sánscrita; pero en las poéticas sólo raras veces be podido bailar algún agrado, y hasta me ha querido parecer a veces que éstas son tan faltas de gusto y tan monstruosas como la escultura de esos mismos pueblos. Hasta sus obras dramáticas sólo las aprecio principalmente a causa de las muy instructivas aclaraciones y datos de la fe religiosa y de las costumbres que contienen. Todo esto debe consistir en que la poesía, por su naturaleza, es intraducible. Porque en ella los pensamientos y las palabras están tan íntima y firmemente unidos como la *pars uterinae et pars faetalis placentae*;

de manera que sin tocar a aquellas no se pueden sustituir éstas por otras. Todo lo métrico y rimado es, en efecto, en el fondo un compromiso entre el pensamiento y el lenguaje; pero éste debe, por su naturaleza, efectuarse solamente en el terreno propio y material del pensamiento, no en uno extraño, al que quisiera uno transplantarlo, y menos a uno tan infértil como son, por regla general, los cerebros de los traductores. ¿Qué puede haber, en general, más opuesto que la libre expansión de la inspiración de un poeta, que se presenta ya por sí misma e instintivamente vestida con el metro y la rima, y el tormento penoso, calculado y frío del traductor, que anda contando sílabas y buscando rimas? Como, además de esto, en Europa no hay escasez de obras poéticas, que nos gustan porque las apreciamos directamente, pero sí mucha de verdaderas opiniones metafísicas, soy de parecer que los traductores del sánscrito debían dirigir su afán mucho menos a la poesía y mucho más a los Vedas, a los *Upanischadas* y a las obras filosóficas.

11

Cuando pienso lo difícil que es llegar con ayuda de los mejores profesores, educados cuidadosamente para ello, y de los más excelentes medios filológicos producidos en el transcurso de los siglos, a una comprensión verdaderamente exacta, correcta y viva de los autores griegos y latinos, cuyos idiomas son los de nuestros antepasados en Europa, y madres de lenguas aún vivas; y que el sánscrito, en cambio, es un lenguaje hablado hace miles de años en la India, y que los medios para aprenderlo son aún relativamente muy imperfectos; y cuando añado a esto la impresión que me causan las traducciones del sánscrito de sabios europeos —poniendo a un lado muy pocas excepciones,— me asalta la sospecha de que nuestros eruditos en sánscrito no deben entender sus textos tal vez mucho mejor que los estudiantes de segundo año de griego los suyos; pero que, sin embargo, como no son muchachos, sino hombres de conocimiento y comprensión, componen aproximadamente de lo que entienden en realidad el sentido completo, con lo cual, naturalmente, deben mezclarse varias cosas *ex ingenio*. Mucho peor están las cosas con los sociólogos europeos, que con frecuencia andan completamente a tientas, adquiriéndose la convicción de esto cuando se ve cómo hasta los más profundos de entre ellos se corrigen mutuamente y se demuestran errores colosales unos a otros. Ejemplos de esta clase se hallan en el *Foe Hue-ki*, de Abel Remusat.

Si considero, por otra parte, que el sultán *Mohammed Daraschakoh*, hermano de Aureng-Zeb, nacido y educado en la India, era además instruido, pensador y amigo de saber, es decir, que podía entender el sánscrito próximamente tan bien como nosotros el latín, y que además tenía como colaboradores un gran número de los más eruditos *pundits*, me da esto ya anticipadamente una alta idea de su traducción de los *Upanischadas* del veda al persa. Si veo además conque profundo respeto, proporcionado al asunto, trató Anquetil du Person esta traducción persa, vertiendo palabra por palabra al latín, manteniendo la sintaxis persa exactamente, a despecho de la gramática latina, y dejando tal como estaban las palabras sánscritas tomadas por el sultán, sin traducirlas, para aclararlas solamente en el glosario, leo esta traducción con la mayor confianza, que recibe pronto su agradable confirmación. Porque ¡cómo respira todo el Oupnekhat el espíritu santo de los Vedas! ¡Cómo el que se ha familiarizado, mediante asidua lectura, con aquel latín persa de aquel libro incomparable queda conmovido en lo más íntimo por aquel espíritu! ¡Cómo está cada línea llena de firme, determinada y armónica significación! Y desde cada página salen a nuestro encuentro pensamientos profundos, primitivos y excelsos, mientras flota sobre el conjunto un elevado y santo espíritu. Todo respira aquí aire indio y existencia primitiva y natural. Y ¡oh, cómo se purifica aquí el espíritu de todas las supersticiones judías inoculadas en temprana edad y de toda esa filosofía chabacana! Es la lectura que más recompensa y más eleva que (exceptuando el texto original) sea posible en el mundo; ha sido el consuelo de mi vida, y será el de mi muerte.

Si comparo con esta las traducciones europeas de textos indios sagrados o de filosofía india, me causan (con poquísimas excepciones, como, por ejemplo, el Bhogawat Gito, de Schegel y algunos pasajes en las traducciones de los Yedas, de Colelzooke), efecto contrario: presentan períodos cuyo sentido es general, abstracto, frecuentemente ambiguo e indeterminado, y cuya conexión es endeble; obtengo puros esbozos de los pensamientos del texto primitivo, con rellenos en los que noto lo extraño; también aparecen contradicciones entre ello; todo es moderno, vacío, insípido, trivial, pobre de sentido y occidental; está europeizado, anglosizado y, lo que es peor, oscurecido y anublado por el alemán, es decir, presentando, en vez de un sentido claro y fijo, sólo palabras, pero palabras altisonantes; así, por ejemplo, también la más moderna de Roer en la *Bibliotheca Indica, número 41. Galcutta, 1853*, en la que se reconoce también al alemán que está acostumbrado a escribir períodos en los que deja a otros el trabajo de pensar algo claro y fijo. Con demasiada frecuencia noto en ellos algo del faetor Judaicus. Todo esto debilita mi confianza, en tales traducciones, y si pienso que los traductores hacen sus estudios para ganarse el sustento, mientras que el noble Anquetil du Person no buscó en ello su provecho, sino que fue impulsado a ello por puro amor a la ciencia y al conocimiento, y que el sultán Darasehakoh recibió como recompensa y honorario la muerte que le dio su imperial hermano Tureng-Zeb… *in majorem Dei gloriam*. Estoy firmemente convencido de que un verdadero conocimiento de los Upanischadas y, por consiguiente, de la verdadera y esotérica dogmática de los Vedas, no se puede adquirir hasta el presente más que por medio de Oupnekliot; se pueden haber leído las demás traducciones, y no se tiene una idea de la cuestión.

También parece que el sultán Daraschakoh ha tenida a la vista mejores y más completos manuscritos sánscritos que los sabios ingleses.

12

Verdaderamente la *Sanhita* del Veda no puede ser de los mismos autores ni de la misma época de Upanischad; se adquiere firme convencimiento de ello si se leen traducidos el primer libro del *Sanhita del Rig-Veda de Rosen* y la del *Sama Veda de Stevensen*. Ambos, en efecto, constan de oraciones y rituales que respiran un sabeísmo bastante tosco. En ellos es Indra el dios más alto que se venera, y con él el sol, la luna, los vientos y el fuego. A éstos se les reza y se les ofrece en todos los himnos las alabanzas más serviles, con ruegos de vacas, comida, bebida y victoria; las ofrendas y regalos a los sacerdotes son los únicos que se alaban. Como Ormuzd (del que ha resultado después Jehovah) es verdaderamente Indra (según Schmidt), y además también Mithra, el sol, así llegó hasta ellos con Indra el servicio del fuego de los dadivosos. El Upanischad es, como se ha dicho, el aborto de la más alta sabiduría humana; también está destinado sólo a los eruditos brahmanes; por eso Anquetil traduce "Upanischad" por *secretum tegendum*. La Sanhita es, en cambio, esotérica, está destinada, aunque indirectamente, al pueblo, puesto que su contenido lo forma la liturgia, es decir, oraciones públicas y rituales de ofrendas; según esto, la lectura de la Sanhita es completamente insípida... a juzgar por las pruebas indicadas; porque verdaderamente *Colebrooke* ha traducido en su escrito *On the religious ceremonies of the Hindus* himnos de otros libros de la Sanhita, que respiran un espíritu parecido al Upanischad, como por ejemplo, el hermoso himno en el segundo *essay: "the embodied spirit"*, etc., del que yo he dado una traducción.

13

En la época en que se labraron en la India los grandes templos de rocas, no se había inventado aún la escritura, y las numerosas agrupaciones de sacerdotes que los habitaban eran los mantenedores vivos de los Vedas, de los que cada sacerdote o cada escuela sabía de memoria y entendía una parte, tal como lo han hecho también los druidas. Más tarde se han recopilado en esos templos, y, por lo tanto, en hermosísimo lugar, los Upanischadas.

14

La *filosofía de Sankhya*, que se considera como predecesora del budismo, como en la *Karika* de Isvara Krischa traducida por *Wilson*, la vemos in extenso ante nosotros (aunque siempre como a través de una niebla, a causa de la imperfección hasta de su traducción), es interesan te e instructiva en cuanto nos presenta los dogmas principales de toda la filosofía india, así como la necesidad de la salvación de una existencia triste, la transmigración según las acciones, el conocimiento como condición fundamental para la salvación, y otras cosas por el estilo, con la extensión y gran seriedad que se consideran en la India hace miles de años.

Sin embargo, vemos estropeada toda esta filosofía por un pensamiento fundamental falso, el absoluto dualismo entre Prakriti y Puruscha. Pero éste es también precisamente el punto en que la SanMiya difiere de los Vedas. *Prakriti* es evidentemente la *natura naturans*, y, al mismo tiempo, la materia en sí, es decir, sin forma ninguna, sólo como es pensada, no percibida; ésta, comprendida así, puede considerarse en cuanto se produce todo de ella, verdaderamente como idéntica con la *natura naturans*. *Puruscha*, en cambio, es el sujeto del conocimiento, porque es perceptivo, inactivo, puro espectador. Sin embargo, se tornan entonces ambos como distintos absolutamente e independiente uno de otro; por consiguiente, la aclaración por la cual Prakriti se esfuerza en la salvación de Puruscha, resulta insuficiente. Además, se enseña en toda la obra que la salvación de Puruscha es el último fin; en cambio, es de repente Prakriti la que debe ser salvada.

Todas estas contradicciones desaparecerían si se tuviera para Prakriti y Puruscha una raíz común, a la que, contra la voluntad de Kapila, se refiera todo; o fuera Puruscha una modificación de Prakriti, es decir, seguramente se resolvería el dualismo. Yo, para comprenderla cuestión, no puedo menos que ver en Prakriti la, voluntad y en Puruscha el sujeto del conocimiento.

Un pequeño rasgo de pedantería en la Sankhya es la numeración, el contar y numerar todas las propiedades, etc. Pero parece costumbre del país, porque en los escritos budistas se procede de la misma manera.

15

El sentido moral de la *metempsicosis*, en todas las regiones indias, no es solamente el que tengamos que purgar todas las faltas que cometamos en un nuevo nacimiento ulterior, sino también que debemos considerar todos los males que nos ocurren como merecidos por nuestras faltas en una existencia anterior.

16

Que las castas superiores se llamen nacidas de nuevo se puede explicar como se indica generalmente, diciendo que la investidura con el cinturón santo que presta a los jóvenes de las mismas la mayoría, es, por decirlo así, un segundo nacimiento; el verdadero motivo es que sólo a consecuencia de méritos en una vida anterior se llega al nacimiento en aquellas cajas; se debe haber existido ya en dicha vida; mientras que el que nace en la más inferior, o aún más bajo, puede haber sido también antes animal.

17

Pueden verse las indicaciones de que los egipcios (etíopes), a lo menos sus sacerdotes, han venido de la India, en la vida de Apolonio de Tliyano.

¡Vosotros os burláis de los Eones y Kalpas del budismo! El cristianismo ha tomado un punto de vista desde el que se aprecia un largo espacio de tiempo; el budismo, uno desde el cual se le representa lo infinito en tiempo y espacio y se convierte en su tema.

Así como la *Lalitavistara*, que se hizo más complicada y más extraña en cada nueva redacción de cada uno de los sucesivos concilios, lo mismo le ha sucedido al dogma, cuyas pocas, sencillas y magníficas enseñanzas se han hecho paulatinamente abigarradas, revueltas y complicadas por medio de aplicaciones, representaciones locales y temporales, personificaciones empíricas, etc.; porque el espíritu de la gran muchedumbre así lo quiere, pues desea tener ocupación fantástica y no se conforma con lo sencillo y abstracto.

Los dogmas bralimánicos y distinciones de Brahm y Brahma, de Paramatma y Djiwatma, Hiranya-Carbha, Prodjapati, Puruscha, Prakriti y otras más como se hallan expuestas concisamente en el excelente libro de Obry, *Du Nirvana Indien*, 1856, son en el fondo ficciones mitológicas puras hechas con el fin de representar objetivamente aquello que esencialmente y en todo caso sólo tiene una existencia *subjetiva*, por eso precisamente Buda las ha abandonado y no conoce más que Sausara y Virwana. Porque cuanto más revueltos, abigarrados y complicados se hicieron los dogmas, tanto más mitológicos se volvieron. El que lo entiende mejor *Yogni* o *Saniassi*, que concentra en sí todos sus sentidos, olvida a todo el mundo y se olvida a sí mismo también. Lo que resta entonces, aun en su conciencia, es el ser primitivo. Sólo que esto se dice con más facilidad que se ejecuta.

El estado de degradación de los antes tan ilustrados indios es la consecuencia del horrible vasallaje que han sufrido durante setecientos años por los mahometanos, que querían convertirlos al islamismo. Ahora sólo una octava parte de la población de la India es mahometana.

Capítulo III · Consideraciones arqueológicas
18

Con el nombre de pelasgos, afín sin duda de Pélago, se designaron en general a las pequeñas tribus asiáticas aisladas, oprimidas y errantes que llegaron primeramente a Europa, donde olvidaron pronto su cultura, tradiciones y religión patrias; pero en cambio, favorecidas por el influjo del templado clima y hermoso suelo, como también por las muchas costas marítimas de Grecia y Asia Menor, adquirieron, nacidos de ellas mismas, bajo el nombre de helenos, un desarrollo completamente natural y una cultura puramente humana y tan perfecta como nunca se ha presentado en ninguna parte. Consecuentes con esta su cultura tenían una religión infantil, casi jocosa; la seriedad refugióse en los misterios y en la tragedia. A Grecia debemos la verdadera idea y representación natural de la figura y ademanes humanos, el descubrimiento de las relaciones de la arquitectura, únicas, exactas y fijadas por ellos para siempre; el desarrollo de todas las legítimas formas de la poesía, más la invención de la verdadera y hermosa medida de las sílabas, la exposición de sistemas filosóficos en todos los sentidos fundamentales del pensamiento humano, los fundamentos de las matemáticas, las bases de una legislación razonable y, en general, la exposición normal de una existencia humana verdaderamente bella y noble. Porque este pueblo elegido de las musas y de las gracias tenía, por decirlo así, el instinto de la belleza. Esta se extendía a todo: a los rostros, figuras, posiciones, vestidos, armas, edificios, vasijas, utensilios y todo lo demás, y no le abandonaba nunca ni en ninguna parte. Por eso se aparta uno del buen gusto y de la belleza en cuanto se aleja de los griegos, especialmente en la escultura y la arquitectura. Son y seguirán siendo la estrella polar de todos nuestros esfuerzos, sea en literatura, sea en las artes plásticas, que no debemos perder jamás de vista. La época que se atreva a dejar a un lado a los antiguos será siempre vergonzosa. Por lo tanto, si cualquier actualidad corrompida, miserable y puramente material se escapara de su escuela para encontrarse más cómodamente en la propia obscuridad, sembraría vergüenza y deshonra.

En cambio los griegos están muy por debajo de nosotros en las artes mecánicas, así como en las ciencias naturales; porque estas materias requieren más tiempo, método y experiencia que elevadas facultades intelectuales. Por eso también de la mayor parte de las obras de los antiguos, no hay que aprender más que todo lo que ellos no sabían. Quien quiera saber hasta qué punto llegaba la ignorancia de los antiguos en Fisiología y Eísica, lea los *problemata Aristotelis*: son un verdadero *specimen ignorantiae veterum*. Bien es verdad que los *problemas* son exactos y bien expuestos.

19

Los *griegos* eran, como los *germanos*, una raza emigrada de Asia y ambos, fuera de su patria, se han formado *por medios propios*. ¿Qué llegaron a ser los griegos y los germanos? Compárese la mitología de ambos; porque sobre esta colocaron los griegos su poesía y filosofía; sus primeros educadores fueron los primeros cantores: Orfeo, Museo, Lino y, por último, Homero. A estos siguieron los siete sabios, y luego los filósofos. Así pasaron los griegos por los tres estadios de cultura, de lo que entre los germanos no hay señal alguna.

En los gimnasios no debía enseñarse literatura alemana antigua, Nibelungos y demás poetas de la Edad Media; estas cosas son, en verdad, sumamente notables, y también dignas de leerse; pero no contribuyen a la educación del gusto, y roban el tiempo que pertenece a la literatura antigua verdaderamente clásica. Si vosotros, nobles germanos y patriotas alemanes, sustituís los clásicos griegos y romanos por rimas alemanas antiguas, no educaréis más que plantígrados. Pero, además, comparar esos Nibelungos con la Ilíada es una verdadera blasfemia, que no debe sonar en los oídos de la juventud sobre todo.

20

La oda de Orfeo es panteísmo indio, adornado por el sentido plástico de los griegos. No es de Orfeo pero sí antigua, porque un trozo de la misma se cita en el Pseudo-Aristóteles, libro que se ha querido atribuir últimamente a Crisipo. Podría servirle de fundamento algo verdaderamente órfico; se halla uno tentado a considerarla como un documento del paso de la religión india al politeísmo heleno. Se puede tomar como un contraveneno para el himno del mismo libro, el tan celebrado himno de Oleantes a Zeus, que tiene un marcado sabor judío, por lo que gusta precisamente tanto. No puedo creer que Oleantes el estoico haya compuesto esta repugnante alabanza; creo que el autor es algún judío alejandrino. De todas maneras, no es justo abusar así del nombre de Cronido.

21

Cloto, Laquesis y Atropos expresan el mismo pensamiento que Brahma, Vischnú y Shiva; pero él mismo es demasiado natural, para deducir parentesco histórico.

22

En Homero, los numerosos tropos y frases están infinitamente repetidas, y colocadas tan fría y mecánicamente como si se hubieran hecho con patrones.

23

El que la poesía sea más antigua que la prosa, puesto que Eeréquides fue el primero que escribió filosofía en prosa, y Hecateo de Mileto el primero que escribió historia, también en prosa; y que esto fuera considerado por los antiguos como una novedad, se puede explicar así: antes de que se escribiera nada se procuró perpetuar sin falsear los hechos dignos de conservarse, poniéndolos en verso. Cuando se empezó a escribir era natural que todo se escribiera en verso, porque no se sabía precisamente más que las cosas notables se conservaban en versos. De esto se separaron aquellos primeros prosistas.

24

La masonería es el único resto, o mejor, una logia de los *misterios* de los griegos. Semejante analogía no es casual ni heredada, sino que deriva de la naturaleza humana; entre los mahometanos es una analogía de los misterios del sufismo. Como los romanos no tenían verdaderos misterios, se era iniciado en los de los dioses extranjeros, especialmente en los de Isis, cuyo culto prosperó en Roma en los primeros tiempos.

25

Sobre casi todas nuestras posiciones tiene cierto influjo nuestro traje; no sucedía igual con el de los antiguos que, quizá en consonancia con su sentido estético, conservaron su traje ancho y desceñido. Por eso un actor que lleve traje antiguo debe evitar todos los movimientos y posiciones que nuestro traje ha originado y convertido después en costumbre; pero no debe por eso contonearse ni hincharse, cual cómico francés que representa su Racine, o como un Juan de las Viñas con toga y túnica.

26

Tal vez pueda caracterizarse el *espíritu de los antiguos* diciendo que procuraban siempre y en todas las cosas estar al lado de la Naturaleza, y, por el contrario, el espíritu de la época moderna, por su constante empeño en alejarse todo lo posible de la misma. Considérense los trajes, las costumbres, los utensilios, las habitaciones, las vasijas, el arte, la religión y el género de vida de los antiguos y de los modernos.

Capítulo IV · Consideraciones mitológicas
27

Puede verse una consecuencia de la afinidad fundamental de todos los seres de este mundo de apariencias en su unidad en la cosa en sí; siempre subsiste el hecho de que todos juntos componen un tipo análogo y que ciertas leyes rigen lo mismo entre todos cuando se han hecho bastante generales. Con esto se pone de manifiesto que no sólo las cosas heterogéneas se explican mutuamente o pueden asimilarse, sino que también se encuentran en las explicaciones alegorías oportunas, entre las cuales no se había intentado encontrarlas. Un ejemplo palpable de esto consiste en la hermosa fábula sin igual de la serpiente verde, etc., de Goethe. Cada lector siéntese casi forzado a buscarle una significación alegórica; por eso ésta se ejecuta también igual según las apariencias idénticas de muchos con gran celo y diligencia y de la manera más diversa, para mayor regocijo del poeta, que no ha encerrado en el sentido ninguna alegoría. Encuéntrase la noticia de esto en los *Estudios sobre las obras de Goethe*, de Duntzer; a mí ya me era conocida hace mucho, aparte de eso, por informes personales recibidos de Goethe. Esta analogía universal e identidad típica de las cosas reconoce como origen la fábula esópica y de ella depende que lo histórico pueda ser alegórico y lo alegórico histórico.

Más que ninguna otra ha dado la mitología de los griegos esta contextura a las exposiciones alegóricas; porque incita a eso, ya que presenta esquemas para la divulgación de casi todos los pensamientos fundamentales; más aún, en cierto modo contiene los tipos primitivos de todas las cosas y relaciones que, como tales, penetran siempre y en todas partes; consiste propiamente en el instinto vivaz de los griegos a personificarlo todo. Por eso en las épocas más antiguas, ya desde el mismo Hesiodo, aquellos mitos se interpretaron como alegóricos. Así, por ejemplo, hay una alegoría moral cuando él enumera los hijos de la noche y luego los hijos deludía que son a saber: el esfuerzo, el daño, el hambre, el dolor, la lucha, el homicidio, la querella, la mentira, la injusticia, la desgracia y el juramento. La alegoría física sólo es una exposición de la noche y el día, el sueño y la muerte personificados.

También para cada sistema cosmológico y hasta para cada sistema metafísico se encontraba una alegoría existente en la mitología, basada en un motivo dado. Sobre todo tenemos la mayoría de los mitos como la expresión más Sencilla hallada, como la verdad más clara enunciada. Porque aquellos griegos primitivos estaban, lo mismo que Goethe, en su juventud: tenían la facultad de no expresarse sino por figuras y símiles. Por el contrario, a la seria y penosa interpretación de la mitología dada por Creuzer con infinita latitud y con atormentadora prolijidad como el depósito adecuado de las verdades metafísicas y físicas, debo replicar con la negación de Aristóteles: las cosas que se explanan míticamente no vale la pena examinarlas. Por lo demás, en esto se presenta Aristóteles como el antípoda de Platón, que se ocupaba con gusto de los mitos, aunque de una manera alegórica. En el sentido antes expuesto pueden tomarse las siguientes significaciones alegóricas, por mí escudriñadas, aunque de una manera alegórica.

28

En los primeros y principales rasgos del sistema de los dioses puede adivinarse una alegoría de los principios fundamentales ontológicos y cosmológicos. *Urano* es el espacio, la primera condición de todos los seres, y por consiguiente el primer engendrador, el primer padre, con *Gaa*, la portadora de las cosas. *Kronos* es el tiempo. Extermina el principio procreador; el tiempo aniquila toda virtud procreativa; o más exactamente, la actividad de la procreación asume nuevas formas, la procreación de la generación viviente, después del primer período del mundo. *Zeus*, que sobrevive a la devoración de su padre, es la *materia*; sólo ella se sustrae al poder del tiempo, que aniquila todas las demás cosas: ella permanece. De él nace todo; Zeus es el padre de dioses y hombres.

Algo más: Urano deja los hijos que ha engendrado con la Tierra, no sobre ella, sino en sus más oscuros soterraños. Los primeros productos animales de la naturaleza, que sólo salen a la historia fósil. Igualmente puede adivinarse en los huesos de los megaterios y mastodontes, los gigantes enterrados por Zeus en el mundo subterráneo; todavía en el siglo pasado se querían reconocer en ellos los huesos del ángel caído. Verdaderamente, la Teogonía de Hesiodo parece una noción confusa de las primeras alteraciones del globo terráqueo y de la lucha entre la superficie oxidada susceptible de vida y las materias oxidables relegadas por ella al interior en bruto, que tenían por base las fuerzas predominantes de la naturaleza.

Kronos, más tarde, castra a Urano con una astucia. El tiempo lo arrebata todo y nos sustrae uno después de otro, y finalmente coge también al cielo que engendró con la tierra, la naturaleza que engendrará *nuevas formas*. Pero ya está engendrada en el *tiempo como especie*.

Kronos devora a sus hijos: el tiempo, que no engendra más especies, sino que solamente saca a luz *individuos*, sólo produce *seres mortales*. Zeus sólo se sustrae a este destino; la materia permanece; pero al mismo tiempo, también los héroes y los sabios son inmortales. Después que el cielo y la tierra, esto es, la naturaleza, hubieron perdido su virtud prolífica, que presentaba nuevas formas, se transformaron en la Afrodita que nace, en efecto, de la espuma del mar donde se habían acabado los placeres genitales de Urano, y es la generación sexual de los individuos para la conservación de la especie; porque actualmente no puede subsistir ninguna otra nueva. Como compañero y auxiliador de Afrodita, vienen Eros e Himeros.

29

La unidad de la naturaleza humana con la animal y con toda la restante y, del microcosmo con el macrocosmo, se expresa en la esfinge misteriosa, en los centauros, en la Artemis de Efeso con las figuras animales presentadas en sus innumerables senos, así como en los cuerpos de hombres egipcios con cabezas de animal, y en la *Ganesa* índica, y finalmente en los toros y leones con cabezas de hombre que nos recuerdan al hombre-toro.

30

Los *japétidos* hacen consistir muchas cualidades fundamentales de los caracteres humanos los daños que se les causan. Atlas debe resistir. *Menocio*, el esforzado, será conquistado y llevado a la ruina. *Prometeo*, el sensato, será esclavizado, esto es, será estorbado en su actividad, y el buitre, esto es, la inquietud, le roerá el corazón. El *Epimeteo*, el idiota, será castigado con su propia imbecilidad.

En Prometeo está bien personificada la precaución humana que distingue al hombre del animal. Por eso Prometeo, el don de profecía, significa la facultad de la previsión circunspecta. Por eso confiere a los hombres el fuego, que ningún animal tiene, y lo da como base para las artes de la vida. Pero este privilegio de la precaución debe espiarlo el hombre por el continuo tormento de la inquietud, que ningún animal conoce tampoco; es el buitre que roe el hígado del Prometeo que forja. *Epimeteo*, que bien puede considerarse como corolario, representa la recompensa de la ligereza y de la irreflexión.

Una interpretación de Prometeo completamente distinta, metafísica y rica de sentido, la da Plotino. Entonces es Prometeo el alma del mundo, crea a los hombres, por esto mismo es encadenado, y sólo un Hércules podrá romper sus cadenas, etc.

Los anticlericales de nuestra época sólo dan la siguiente interpretación: es la razón libertada de los dioses (de la religión); sólo por la caída de Zeus puede hacerse libre.

31

La fábula de *Pandora* nunca ha sido muy clara para mí; me parece absurda. Presumo que ya fue mal comprendida por el mismo Hesiodo. No sólo tiene Pandora en la caja todos los males, sino todos los bienes, como su nombre lo indica. Epimeteo la abre precipitadamente, los bienes escapan; sólo la esperanza queda reservada.

32

El epíteto que Hesiodo, en dos pasajes de la Teogonía, aplica a las Hespérides y por qué después de la tarde era cuando salían, me inspira el pensamiento de que entre las hespérides no se menciona a los murciélagos. Aquel epíteto expresa muy bien, en efecto, el tono breve y silbante de la voz de estos animales, que vuelan mejor por la tarde que por la noche, puesto que se dedican a la caza de insectos, y se llaman en latín *vespertiliones* (murciélagos). Por eso no he querido suprimir el incidente que sería posible de que, si bien se mira, nadie encontró nada para confirmación de lo mismo. Si son los querubines bueyes alados, ¿por qué no han de ser murciélagos las hespérides? Acaso son Alkithoe y sus hijas, que en las *Metamorfosis de Ovidio* se transforman en murciélagos.

33

Que los búhos sean los pájaros de Atenas puede tener por motivo los estudios nocturnos de los eruditos.

34

No sin motivo y sentido existe el mito de que Kronos devoraba y digería las piedras, porque sólo el tiempo digiere lo indigerible: todas las tristezas, los disgustos, las pérdidas, las pesadumbres.

35

Aun está pendiente de la deliberación mi muy sutil y altamente original interpretación de un mito conocido, glorificado especialmente por Apuleyo.

Desde mi filosofía, que es el punto de vista estético, *la afirmación de la voluntad en la vida* se concentra en la virtud prolífica, y ésta es su expresión más definitiva. El significado de esta afirmación es propiamente éste: que la voluntad, que en un principio es inconsciente y, por lo tanto, un impulso ciego, después que por el mundo, como representación, adquiere el conocimiento de su propio ser, no se deja interrumpir o estorbar en su deseo y en su desgracia, sino que luego quiere conocer lo que hasta entonces ha sentido como impulso e instinto espontáneo. Vemos que la negación estética de la vida por la castidad voluntaria se diferencia de la afirmación empírica por el acto de la procreación en que en aquella se verifica sin conocimiento y como función ciega, a saber, en el sueño, lo que en ésta se lleva a cabo con conocimiento y reflexión. Sólo es notable que esta filosofía abstracta y en manera alguna conforme al espíritu de los griegos, luego que se han dado los pormenores empíricos, tiene su exacta exposición alegórica en la bella fábula de Psiquis, que debía disfrutar del amor sin poseerle para no dejarle satisfecho, a pesar de todas las advertencias; con lo cual, según una decisión inevitable del poder misterioso, cae en la miseria infinita, que sólo puede expiarse por una emigración al mundo subterráneo, llevando a cabo acciones difíciles.

APÉNDICE

La caída de los titanes, que Zeus precipitó en el mundo subterráneo, parece ser la misma historia que la caída del ángel rebelado contra Jehová.

La historia de Idomeneo, que ofrece a su hijo en *ex voto*, y la de Jefta, en lo esencial es lo mismo.

Si no se oculta en el sánscrito la raíz del idioma gótico, como del griego, existe una antigua mitología de la cual deriva la griega como la judaica. Puede alegarse, si se quiere poner en ejercicio el ingenio, que la noche doblemente larga en que *Zeus* engendra a *Heracles* con *Alkmcne*, es análoga al día en que Josué manda detenerse al Sol en el ocaso para tomar a Jericó. Zeus y Jehová se dan la mano mutuamente, porque los dioses del cielo siempre están ligados en buena amistad por debajo de cuerda. Pero ¡cuán inocentes eran las chuscadas del padre Zeus en comparación con los sanguinarios arrebatos de Jehová y de su pueblo escogido, formado por ladrones!

Capítulo V · Metafísica de lo bello y estética
36

Como me he extendido bastante en mi obra fundamental sobre la concepción de las Ideas platónicas y

129

sobre la correlación de las mismas, que es el sujeto puro del conocimiento, consideraría superfluo volver a tratar aquí de lo mismo, si no hiciera notar que este estudio es una especulación que nunca antes de mí se ha hecho en este sentido, por lo cual es mejor no recordar nada de lo que se ha dado como explicación del mismo asunto antes de ahora. Como es natural, para esto supongo que son conocidas aquellas investigaciones anteriores.

El verdadero problema de la Metafísica de lo bello se puede expresar muy sencillamente de la siguiente manera: ¿Cómo es posible hallar placer y deleite en un objeto sin alguna influencia del mismo sobre nuestra voluntad?

Cualquiera comprende, en efecto, que sólo puede resultar deleite y placer en una cosa de su relación con nuestra voluntad, o como se expresa generalmente, con nuestros fines; de tal manera, que un placer sin excitación de la voluntad parece ser un contrasentido. Sin embargo, lo bello excita sin duda alguna como tal nuestro gusto, nuestro deleite, sin que tenga ninguna relación con nuestros fines personales, es decir, con nuestra voluntad.

Mi solución ha sido que nosotros consideramos siempre en lo bello las formas fundamentales y originarias de la naturaleza animada e inanimada, es decir, las ideas platónicas de las mismas, y que esta interpretación tiene como condición propia su correlación funda mental, el sujeto del conocimiento libre de voluntad, es decir, una inteligencia pura sin propósitos ni fines. De esta manera, la voluntad desaparece por completo del conocimiento al comenzar una concepción estética. Mas ella sólo es la fuente de nuestras tristezas y padecimientos.

Este es el origen de aquel placer y aquel deleite que acompañan a la concepción de lo bello. Se basa, por lo tanto, en la supresión de toda posibilidad de padecimiento. Si se quisiera hacer la objeción que entonces desaparecería también la posibilidad del deleite, debe uno recordar que, como he demostrado con frecuencia, dicha satisfacción es de naturaleza negativa, es decir, solamente el término de un padecimiento, mientras que el dolor, por el contrario, es lo positivo. Por esto permanece aún al desaparecer del conocimiento toda voluntad, el estado de deleite, es decir, la ausencia de todo dolor, y en este caso hasta la ausencia de la posibilidad del mismo, mientras que el individuo, transformado en sujeto puramente cognoscente y ya no voleute, permanece con la conciencia de su actividad. Como sabemos, el mundo, como voluntad, es el primero *(ordine prior)*, y como representación el segundo *(ordine posterior)*. Aquel es el mundo del deseo, y por lo tanto del dolor y de toda clase de penas.

El segundos en sí mismo fundamentalmente libre de dolor; además, encierra un espectáculo, generalmente significativo y cuando menos gracioso. En el goce del mismo consiste el placer estético. Hacerse sujeto puro del conocimiento, es desprenderse de sí mismo; pero como los hombres no saben generalmente hacer esto, por eso no son aptos en general para la concepción puramente objetiva de las cosas, que constituye el talento del artista.

37

Sin embargo, cuando la voluntad individual deja libre por un momento la fantasía que le ha sido agregada, y la dispensa una vez enteramente del servicio para que se ha producido, y existe de manera que abandona por el momento el cuidado de la voluntad o la propia persona, que es su tema natural, y, por lo tanto, su ocupación ordinaria, pero no cesa, sin embargo, de estar en actividad enérgicamente y de concebir lo perceptible con toda intensidad, se convierte entonces en objetiva por completo; es decir, se convierte en espejo fiel de los objetos, o más exactamente, en médium de la objetivación de la voluntad, que representa en cada uno de los objetos, cuya interioridad resalta con tanta mayor perfección en ellos, cuanto más dura la percepción, hasta que ésta ha agotado aquélla. Solamente así se produce, con el sujeto puro, el objeto puro, es decir, la manifestación completa de la voluntad, que aparece en el objeto percibido, que es precisamente la idea (platónica) del mismo. Pero la concepción de tal idea requiere que yo, al considerar un objeto, prescinda verdaderamente de su posición en tiempo y espacio, y, por lo tanto, de su individualidad. Porque esta *posición*, determinada siempre por el principio de causalidad, es la que pone aquel objeto, como individuo, en alguna relación conmigo; por lo tanto, solamente quitando aquella posición se convierte el objeto en idea, e igualmente yo por este medio en sujeto puro del conocimiento.

De aquí que cualquier cuadro da, no lo individual, sino la idea, lo duradero en todo cambio, sólo por el hecho de fijar para siempre el momento fugitivo y salir, por lo tanto, fuera del tiempo. Para aquel cambio postulado en el sujeto y en el objeto, se requiere, sin embargo, no sólo la condición de que se libre el conocimiento de su esclavitud primitiva y se le abandone por completo a sí mismo, sino también que, no obstante, permanezca activo con toda su energía, a pesar de que le falta ahora el aguijón natural de su actividad, el impulso de la voluntad. En esto consiste la dificultad, y ésta es la rareza de la cosa; porque todo nuestro pensamiento y nuestros esfuerzos, nuestro oído y nuestra vista, están naturalmente siempre, mediata e inmediatamente, al servicio de nuestros numerosos fines personales, grandes y pequeños, y, por lo tanto, la voluntad es la que estimula al conocimiento para que efectúe su función, sin cuyo impulso se fatiga al punto. También el conocimiento en actividad por este estímulo, es suficiente por completo para la vida práctica, y hasta también para las ciencias especiales, que, como tales, se dirigen siempre únicamente a las relaciones de las cosas, no a la esencia propia e interna de las mismas; por lo cual también to dos sus conocimientos avanzan, sirviéndoles de guía el principio de razón, ese elemento de las relaciones. Por lo tanto, dondequiera que se trata de conocimiento de cansa y efecto o demás motivos y consecuencias, es decir, en todas las ramas de las ciencias naturales y de las matemáticas, así como también de la historia, o inventos, etc., debe ser el conocimiento buscado un fin de la voluntad, y, cuando más fuertemente la estimule, tanto más pronto se consigue. Igualmente en cuestiones de Estado, en la guerra, en asuntos financieros o comerciales, en intrigas de toda clase, etc., tiene que obligar primeramente la voluntad al conocimiento, por la fuerza de su deseo, a emplear todas sus fuerzas para, en el caso dado, hallar exactamente la pista de todos los motivos y consecuencias. Sí, causa asombro ver en estos casos hasta qué punto puede impeler el estímulo de la voluntad, a un entendimiento dado, más allá de la medida de sus fuerzas. Por este motivo se necesita para todas las producciones notables en tales cosas, no sólo una inteligencia prudente o sutil, sino también una voluntad enérgica, que, como tal, tiene que impulsar primeramente a aquélla para que se ponga en la trabajosa, tensa y continua actividad, sin la cual es imposible efectuarlas.

Pero sucede todo lo contrario en la concepción de la esencia objetiva e independiente de las cosas, que constituye su idea (platónica) y que debe servir de fundamento a toda producción en las bellas artes. Es decir, que la voluntad, en aquellos casos tan útil, hasta indispensable, debe ser aquí excluida por completo, porque en este caso sirve nada más lo que el entendimiento produce completa,mente solo y ofrece como don voluntario. Aquí debe hacerse todo por sí mismo; el entendimiento debe trabajar sin intención, y, por lo tanto, sin voluntad. Porque solamente en el estado del *puro conocer*, en el que se han apartado por completo del hombre su voluntad y los fines de la misma, y con ella su individualidad, puede producirse aquella percepción puramente objetiva, en la que se conciben las ideas (platónicas) de las cosas. Tal comprensión, empero, debe ser siempre la que precede a la concepción, es decir, al conocimiento primero, siempre intuitivo, que constituye muchas veces el verdadero asunto y fundamento, el alma, por decirlo así, de una legítima obra de arte, de un poema y hasta de un filosofema verdadero. Lo impremeditado, lo fortuito y hasta en parte inconsciente e instintivo, que se ha notado desde antiguo en las obras del genio, es precisamente la consecuencia de que el conocimiento primordial artístico, completamente separado e independiente de la voluntad, es un conocimiento libre de la misma, involuntario. Y precisamente porque la voluntad es el verdadero hombre, se le atribuye aquélla a un ser distinto de éste, a un genio. Un conocimiento de esta clase, tampoco tiene como guía el principio de razón, como ha sido discutido frecuentemente por mí, y es precisamente por esto lo contrario de aquel primero. En virtud de su objetividad percibe el genio con reflexión todo aquello que los demás no ven. Esto le da la aptitud, como poeta, de describir la Naturaleza tan perceptible y animada, o de representarla como pintor.

En la ejecución de la obra, por el contrario, donde la relación y representación de lo conocido de tal manera es el fin, puede y hasta debe, precisamente porque existe un fin, entrar nuevamente en actividad la voluntad; por consiguiente, también aquí domina de nuevo el principio de razón, según el cual se ordenan como corresponde los medios artísticos a los fines artísticos. Así, pues, se ocupa el pintor de la perfección del dibujo, el tratamiento de los colores, y el poeta del arreglo del plan, y después de la expresión y el metro.

Procediendo el entendimiento de la voluntad, por lo que se representa objetivamente como cerebro, una parte del cuerpo que es la objetivación de la voluntad; estando, por consiguiente, determinado el entendimiento primitivamente para el servicio de la voluntad, la función que le es propia es la de naturaleza, como la arriba descrita, en la que permanece fiel a aquella forma natural de sus conocimientos, que expresa el principio de razón, y es puesto en actividad y conservado en ella por la voluntad, que es la primitiva en el hombre. Por el contrario, el conocimiento de la segunda clase es impropio de él, es una actividad abusiva; según esto, está condicionado por un predominio decididamente anormal, y, por lo tanto, muy raro del entendimiento y de su manifestación objetiva, el cerebro, sobre el resto del organismo y sobre la relación que requieren los fines de la voluntad. Precisamente porque este predominio del entendimiento es anormal, los fenómenos que de él resultan se parecen de vez en cuando a la locura.

El conocimiento se hace aquí ya infiel a su origen, la voluntad. El entendimiento que se ha producido únicamente para el servicio de la voluntad, y que permanece en él en casi todos los hombres, en el uso del cual, y en su provecho, se consume su vida… se usa abusivamente en todas las artes liberales y ciencias, y en este uso se colocan los adelantos y la honra del género humano; por otro camino puede hasta volverse contra la voluntad, anulándola en los fenómenos de la santidad.

Aquella concepción objetiva del mundo de las cosas, que sirve de fundamento como conocimiento primitivo a toda concepción artística, poética y puramente filosófica, tanto de motivos objetivos como subjetivos, es meramente pasajera, en parte porque no pueden mantener la intensidad que para ello se requiere, y en parte porque el curso del mundo no permite que seamos en él generalmente como el filósofo, según la definición de Pitágoras, espectadores tranquilos e impasibles, sino que cada uno tiene que tomar parte en el gran juego de funámbulos de la vida y siente casi siempre el alambre por el cual tiene también relación con él y que le pone en movimiento.

38

Respecto a lo objetivo de tales percepciones, es decir, a la idea (platónica), se puede describir ésta como lo que tendríamos delante de nosotros si el tiempo, esa condición formal y subjetiva de nuestro conocimiento, se quitara como el cristal del caleidoscopio. Yernos, por ejemplo, el desarrollo de capullo, flor y fruto, y nos admiramos de la fuerza vegetativa, que no se cansa nunca de efectuar esa evolución transformativa. Esta admiración desaparecería si comprendiéramos que nosotros solamente tenemos delante la idea única e invariable de la planta que no podemos, sin embargo, percibir como una unidad de capullo, flor y fruto, sino que tenemos que conocerla mediante la forma del tiempo, por medio del cual se descompone para nuestro entendimiento en aquellos estados sucesivos.

39

Si se considera que tanto la poesía como las artes plásticas toman un individuo para cada uno de sus temas, con objeto de representárnoslo con todas las propiedades de su unidad, hasta los más insignificantes cuidadosamente exacto, y se vuelve la vista a las ciencias, que trabajan por medio de los conceptos, cada uno de los cuales representa innumerables individuos, determinando y designando lo propio de toda la especie de los mismos de una vez para siempre, nos podría parecer, al considerar esto, el impulso del arte de poca importancia, pequeño y hasta casi pueril. Pero la misma esencia del arte trae consigo el que le sirva un caso para mil, puesto que lo que se propone con aquella representación cuidadosa,, y que va hasta lo único del individuo, es la revelación de la idea de su especie; así que, por ejemplo, una escena, un acontecimiento de la vida del hombre relatado exacta y completamente, es decir, con la representación precisa de los individuos en él complicados, lleva la idea de la humanidad misma considerada desde un cierto punto de vista, a conocimiento claro y profundo. Porque así como el botánico escoge una sola flor de entre la inagotable riqueza del reino vegetal y la divide luego para demostrarnos en ella la naturaleza de la planta en absoluto, así el poeta, de la infinita confusión de la vida humana, que por doquier se apresura en continuado movimiento, elige una sola escena, y hasta con frecuencia una disposición y sentimiento, para mostrarnos por ella lo que sea la vida y la naturaleza del hombre. Por este motivo vemos que los mayores talentos, Shakespeare y Goethe, Rafael y Rembrand, no les parecía indigno representarnos y ponernos de manifiesto en toda su popularidad, hasta descender a lo más pequeño con gran exactitud y verdadero cuidado, a individuos que ni siquiera tienen nada de notable. Porque solamente poniéndolo de manifiesto se comprende lo especial y único; por eso he definido la poesía como el arte de poner en juego la fantasía por medio de palabras.

Si se quiere sentir y comprender inmediatamente la ventaja que el conocimiento preceptor, como primario y fundamental, tiene sobre el abstracto, como nos lo revela el arte, mejor que podría hacerlo toda la ciencia, obsérvese, ya sea en la naturaleza, o ya sea por medio del arte, un rostro humano, bello y animado, lleno de expresión. Qué conocimiento de la naturaleza del hombre y de la naturaleza en general no da este mucho más profundo que todas las palabras juntas con lo abstracto que representan. Dicho sea de paso, que lo que es para una hermosa región el rayo de sol que sale de entre las nubes, es para un hermoso rostro la presencia de su risa. Por eso, ¡*ridete, puellae, ridete!*

40

Pero lo que hace que una imagen nos lleve a la concepción de una idea (platónica) antes que una realidad, es decir, aquello por lo cual la imagen está más cerca de la idea que la realidad, es en general el que una obra artística es el objeto que ya ha pasado a través de un sujeto y, por lo tanto, es para el espíritu lo que para el cuerpo el alimento animal; es decir, el ya asimilado vegetal. Considerada más atentamente, la cuestión está en que la obra de las artes plásticas no nos muestra como la realidad lo que solamente se presenta una vez y nunca más, es decir, la combinación de esta materia con esta forma, combinación que constituye lo concreto, lo verdaderamente único, sino que nos muestra la forma sola que, si fuera dada perfecta y en todos conceptos, sería ya la idea misma. La imagen nos conduce, por consiguiente, en seguida lejos del individuo a la forma pura. Ya esta separación de la forma y la materia aproxima mucho más ésta a la idea. Pero toda imagen, cuadro o estatua, es una separación. Por lo tanto, esta separación, esta diferenciación de la forma y la materia, es propia del carácter de la obra artística, precisamente porque su objeto es llevarnos al conocimiento de una *idea* (platónica). Es, por lo tanto, esencial para la obra de arte dar la forma sola sin la materia, y esto hacerlo precisamente de manera manifiesta y que salte a la vista. En esto estriba la razón de por qué las figuras de cera no producen ninguna impresión estética, y no son, por lo tanto, obras artísticas (en sentido estético), aunque cuando están bien hechas producen cien veces más ilusión que el mejor retrato o estatua puede hacerlo, y tendrían que ocupar el primer puesto si el objeto del arte fuera la imitación engañadora de la realidad. Parecen dar, pues, no la sola forma, sino al mismo tiempo también la materia; por eso producen la ilusión de que tiene uno el objeto mismo delante de sí. En vez, pues, de conducirnos de lo que sólo se presenta una vez y nunca más, es decir, del individuo, a lo que se presenta siempre e infinito número de veces en infinitos objetos, a la forma pura o idea, como hace la verdadera obra de arte, nos da la figura de cera, al parecer, el individuo mismo; es decir, lo que únicamente se presenta una vez y nunca más; pero, sin embargo, sin lo que da valor a tal existencia pasajera, sin la vida. Por eso la figura de cera espanta, porque obra sobre nosotros como un cadáver.

Podría creerse que la estatua solamente es la que da la forma sin la materia, y el cuadro, por el contrario, también la materia; por cuanto imita la sustancia y su naturaleza mediante el color. Esto sería, sin embargo, entender la forma en sentido puramente geométrico, y no es esto lo que aquí se quería dar a entender; porque en sentido filosófico es la forma lo contrario de la materia; comprende, por lo tanto, también el color, lisura, textura, en fin, todas las cualidades. "Verdaderamente sólo la estatua da la forma puramente geométrica representándola en una materia, el mármol, extraña por completo a ella; por este medio, pues, aisla visiblemente la forma. El cuadro no da ninguna materia, sino la apariencia sola de la forma, no en sentido geométrico, sino en el filosófico arriba indicado. Esta forma, digo, ni siquiera la da el cuadro mismo, sino sólo la apariencia de la misma; es decir, únicamente su acción sobre un sentido, la vista, y aun ésta sólo en un cierto aspecto. Por esto también el cuadro no produce verdaderamente la ilusión de que tenga uno delante de sí el objeto mismo, es decir, forma y materia, sino que también la engañadora verdad de la imagen se halla siempre todavía bajo ciertas condiciones convenidas de esta manera de representar, pues la imagen, por ejemplo, por medio de la inevitable desaparición del paralaje de nuestros dos ojos, muestra siempre las cosas de la misma manera que sólo las vería uno que no tuviera más que un ojo. El cuadro da la *forma* solamente, puesto que representa la acción de la misma, y sobre el ojo nada más.

Relacionada con la consideración anterior se baila la que sigue, en la cual interinamente la forma hay que entenderla en el sentido geométrico. Los grabados en negro y las pinturas a la aguada corresponden a un gusto más noble y elevado que los grabados en colores y las acuarelas, mientras que éstas, por el contrario, gustan más al sentido menos educado. Se funda esto naturalmente en que las representaciones en negro dan la forma sola, por decirlo así, *in abstracto*, cuya aprehensión (como sabemos) es intelectual, es decir, propia de la razón especulativa. El color, por el contrario, es cosa propia solamente del órgano de los sentidos, y aun esto de una disposición en el mismo.

41

El hecho de que las impresiones recibidas en nuestra juventud sean tan significativas j el que en la aurora de la vida se nos represente todo tan ideal, tan transfigurado, se desprende de que entonces lo único aun nos pone en conocimiento primeramente con su especie, que, como tal, es todavía nueva para nosotros, y por lo tanto todo único representa para nosotros su especie. Según esto, comprendemos en él la idea (platónica) de esta especie, a la que, como tal, es esencial la belleza.

42

Schon (bello) tiene relación con el inglés to *shew*, y sería, según esto, *shewy*, digno de verse, *what shews well*, lo que se muestra bien, lo que se hace bien; por lo tanto, lo perceptible que resalta con claridad, y por consiguiente la expresión clara de importantes ideas (platónicas).

Pintoresco significa en el fondo lo mismo que bello, puesto que se atribuye a lo que se presenta de tal modo que pone de manifiesto claramente la idea de su especie, por lo cual sirve para la representación del pintor, que, como tal, tiende precisamente a representación, realce de las ideas que constituyen lo objetivo en lo bello.

43

Belleza y gracia del cuerpo humano, unidas, son la más clara visibilidad de la voluntad en el punto más elevado de su objetivación, y precisamente por esto la obra más importante del arte plástico. Además, como he dicho, es verdaderamente bella toda cosa natural; por lo tanto, también todo animal. Si esto no es evidente para nosotros en algunos animales, consiste en que no nos hallamos en el caso de considerarlos objetivamente nada más, y por este medio comprender su idea, sino que somos apartados de esto por alguna invisible asociación de ideas, generalmente a causa de un parecido que nos importuna; por ejemplo, el del mono con el hombre; por lo cual no comprendemos la idea de este animal, sino que vemos solamente la caricatura de un hombre. Igualmente parece obrar sobre nosotros la semejanza del sapo con barro y cieno; sin embargo, no es esto suficiente para explicar en este caso la repugnancia ilimitada y hasta el horror y espanto que se apodera de algunas personas al ver ese animal, como les sucede a otras al ver las arañas; por el contrario, parece que esto se funda en una relación más profunda, metafísica y misteriosa. A esta opinión corresponde el hecho de que para curas impatéticas (y maleficios), es decir, para fines mágicos, se acostumbra a usar precisamente estos animales; por ejemplo, la fiebre se quita por medio de una araña encerrada en una cascara de nuez que lleva el enfermo al cuello hasta que esté muerta; o en caso de gran peligro de muerte, un sapo sumergido en la orina del enfermo en un bote bien tapado que se entierra a las doce en punto del día en el sótano de la casa. El martirio de muerte lenta de estos animales reclama de la eterna justicia una expiación. Esto, pues, da nuevamente una explicación del supuesto de que el que se dedica a la magia al diablo se entrega.

44

La naturaleza inorgánica, en tanto que no se compone de agua, produce en nosotros, cuando se presenta desprovista de todo lo orgánico, un efecto muy triste y hasta aflictivo. Ejemplos de esto son las comarcas que presentan peñas desnudas solamente, sobre todo el extenso valle de peñascos, sin vegetación alguna, cerca de Tolón, a través del cual va el camino que conduce a Marsella; pero en mayor escala, y mucho más penetrante, lo producirán los desiertos africanos. La tristeza de esta impresión de lo inorgánico sobre nosotros se desprende, en primer lugar, de que la masa inorgánica obedece exclusivamente a la ley de gravedad, en cuya dirección, por lo tanto, se halla colocado todo él.

Por el contrario, la vista de la vegetación nos regocija al punto y en alto grado; pero, naturalmente, tanto más cuanto más rica es, variada, extensa, y al mismo tiempo abandonada a sí misma. La segunda razón de esto consiste en que en la vegetación aparece como vencida la ley de la gravedad, puesto que el reino vegetal se levanta precisamente en la dirección contraria; por este medio se anuncia inmediatamente el fenómeno de la vida, como un orden nuevo y más elevado de las cosas. Nosotros mismos pertenecemos a él; es el relacionado con nosotros, el elemento de nuestra existencia. En él se nos ensancha el corazón. Después, por consiguiente, aquella dirección vertical hacia arriba es por la que nos alegra inmediatamente el aspecto del reino vegetal; por lo tanto, gana mucho un hermoso grupo de árboles, si de entre medio de ellos se elevan dos talludas y puntiagudas copas de abetos. Por el contrario, un árbol cortado ya no nos produce efecto; además, uno muy torcido nos impresiona ya menos que el que está recto; las ramas colgantes del sauce llorón, es decir, cediendo a la gravedad, le han proporcionado este nombre. El agua hace desaparecer en gran parte la triste impresión de su naturaleza inorgánica mediante su gran movilidad, que da un reflejo de vida, y por su juego continuo con la luz. Además, la expresión de calma, de tranquilidad y de satisfacción que le es propia, es lo que nos hace agradable el aspecto del reino vegetal, mientras que el animal se nos presenta generalmente en estado de inquietud, de necesidad y hasta de lucha; por eso consigue aquél tan fácilmente pasarnos al estado del conocimiento puro que nos libra de nosotros mismos.

Llama la atención el ver cómo la naturaleza vegetal, aun la más común e insignificante, se agrupa y presenta en seguida bella y pintorescamente, en cuanto ha escapado al influjo del capricho del hombre; así sucede en cualquier rinconcito escapado al cultivo, o no alcanzado todavía por él, aunque produzca solamente abrojos, espinos y las flores campestres más comunes. En los campos de cereales y de legumbres, por el contrario, baja a su mínimo la parte estética del reino vegetal.

45

Se ha reconocido desde antiguo que toda obra destinada a algún fin humano, es decir, todo utensilio y todo edificio, había de tener cierto parecido con las obras de la naturaleza para ser bella; pero se han equivocado en creer que debía ser directo y existir inmediatamente en las formas; así que, por ejemplo, las columnas debían representar árboles, o hasta conjunto de miembros humanos; las vasijas debían estar formadas como conchas, caracoles o cálices de flores, y aparecer por todas partes formas vegetales o animales. Por el contrario, aquel parecido no debe ser directo, sino solamente mediato, es decir, existir, no en las formas, sino en el carácter de las formas, que puede ser el mismo, aun con diferencia completa de éstas. Por consiguiente, no deben imitarse de la naturaleza los utensilios y edificios, sino estar hechos en el espíritu de la misma. Este se muestra, pues, en que cada cosa y cada parte corresponda tan inmediatamente a su fin, que lo anuncie en seguida; lo que se efectúa por el medio siguiente: consiguiéndolo por el camino más corto y de manera más sencilla. Esta conveniencia que salta a la vista es precisamente el carácter de los productos naturales.

Aunque en éstos obra la voluntad desde dentro y se ha enseñoreado por completo de la materia, mientras que en las obras humanas, obrando desde fuera, consigue su intento, y se expresa primeramente por medio de la percepción y hasta de una idea del fin del objeto, y después, venciendo una materia extraña, es decir, que expresaba antes otra voluntad, se puede conservar, sin embargo, en ellas el carácter indicado de los productos naturales. Esto lo muestra la arquitectura antigua en la exacta proporción de cada parte o miembro con su fin inmediato, que lo manifiesta en efecto por este medio sencillamente y en la ausencia de todo lo inútil; la arquitectura gótica, por el contrario, debe su aspecto misterioso y apocalíptico precisamente a los inútiles adornos y accesorios, porque los sometemos a un fin desconocido para nosotros; o cualquier estilo arquitectónico degenerado que, afectando originalidad, juega con los medios del arte, cuyos fines no comprende mediante toda clase de rodeos innecesarios y arbitrariedades vanidosas. Lo mismo sucede con las vasijas antiguas, cuya belleza resulta de que expresan de una manera tan sencilla lo que está determinado que sean. En los utensilios de los antiguos se nota que si la naturaleza produjera vasos, , lámparas, mesas, sillas, cascos, escudos, armaduras, etc., tendrían el mismo aspecto. Véanse, en cambio, los orinales de porcelana ricamente sobredorados, y además el traje de las mujeres de ahora, que ha puesto de manifiesto su espíritu mezquino, cambiando el estilo ya admitido de la antigüedad por el ruin estilo rococó. Esto no es una pequeñez en manera alguna, sino que es el sello del espíritu de este tiempo. La comprobación de esto lo da la literatura del mismo, la desfiguración del idioma alemán por autorcillos ignorantes, los cuales, con arbitrariedad descarada, lo tratan como los vándalos a las obras de arte, y pueden hacerlo impunemente.

46

Con gran acierto se ha llamado al origen del pensamiento fundamental de una obra de arte la concepción; porque es lo mismo que para el nacimiento del hombre, lo más esencial. Y también, como ésta, no requiere tanto tiempo como ocasión y disposición. Generalmente, por lo tanto, practica el objeto, como si fuera masculino, un actuó continuo de generación sobre el sujeto, como femenino. Este, sin embargo, no es fructífero más que en contados momentos y sujetos; entonces es cuando sale de él cualquier pensamiento nuevo, original y, por lo tanto, continuador de vida. Y precisamente como en la generación física, también depende la fecundidad mucho más de la parte femenina que de la masculina, si aquella se encuentra en la disposición conveniente para recibir, casi todos los objetos que caigan bajo su percepción empezarán a hablarle, a producir un pensamiento vivo y original; por esto algunas veces la vista de un objeto o suceso insignificante ha sido el germen de una obra grande y bella; así también Jacobo Bobine, por la vista repentina de una vasija de estaño, fue iluminado y conducido a la causa más íntima de la naturaleza. En todas partes, al final, depende todo de la fuerza propia, y así como ninguna comida o medicina puede sustituir la fuerza vital, ningún libro o estudio el espíritu propio.

47

Un *improvisador*, empero, es un hombre que *omnibus horis rapit*, puesto que llevando consigo un almacén completo y surtido de lugares comunes de toda clase, promete, en consecuencia, pronto servicio para cualquier deseo, según la naturaleza del caso y de la ocasión, y produce *doscientos versos en un mismo metro*.

48

Un hombre que intenta vivir del favor de las musas, quiero decir de sus dotes poéticas, se me figura en cierto modo una muchacha que vive de sus encantos. Ambos profanan por la despreciable ganancia lo que debía ser el don libre de su espíritu. Ambos padecen de consunción, y ambos acaban la mayor parte de las veces ignominiosamente. No degradéis, pues, vuestra musa hasta el nivel de una prostituta, sino que el lema del poeta sea: *canto como el ave canta ruidosa sobre las copas de los árboles, y me recompensan ampliamente las notas de mi garganta*. Porque los dones poéticos corresponden a los días de fiesta, no a los días de trabajo de la vida. Aunque se sintieran cohibidos y entorpecidos por una profesión que ejerciera el poeta al mismo tiempo, pueden, sin embargo, florecer en tal estado, porque el poeta no necesita adquirir grandes conocimientos y ciencia, como sucede al filósofo, y hasta se condensan por este medio, así como se diluyen por el mucho ocio y el ejercerlos ex profeso. El filósofo, en cambio, no puede, por las razones indicadas, ejercer al mismo tiempo otra profesión, puesto que el ganar dinero con la filosofía tiene sus ulteriores y conocidas grandes desventajas, a causa de las cuales lo consideráronlos antiguos como cosa de los sofistas, en contraposición a los filósofos; así hay que alabar a Salomón cuando dice: "La sabiduría es buena con una herencia, y ayuda a tomar el sol" (Eclesiastés, 7, II).

El que tengamos desde la antigüedad clásicos, es decir, genios cuyos escritos pasan a través de los milenios con brillo juvenil no aminorado, consiste en gran parte en que entre los antiguos no era una manera de ganar dinero escribir libros; pero solamente de esto hay que derivar el que no existan también de estos clásicos escritos malos además de los buenos, puesto que cuando el genio había desaparecido no llevaban todavía al mercado los flecos para obtener dinero por ellos, como hacen hasta los mejores de los modernos.

49

La música es el verdadero lenguaje universal que se entiende en todas partes; por eso se habla sin cesar en todos los países y a través de todos los siglos con gran formalidad y fervor, y una melodía significativa, que diga mucho, pronto da la vuelta a todo el globo terrestre, mientras que una de sentido pobre y que nada dice se pierde pronto y muere, lo que demuestra que el contenido de la melodía es muy comprensible. Sin embargo, no cuenta cosas, sino sólo dichas y pesares, que, como tales, son las únicas realidades para la voluntad; por este motivo habla tanto al corazón, mientras que nada tiene que decir directamente a la cabeza, y es un abuso cuando se le exige esto, como sucede en toda la música descriptiva, la cual, por esta razón, es reprobable de una vez para siempre, aun cuando Haydn y Beethoven se hayan dedicado a ella por equivocación; Mozart y Rossini no lo han hecho nunca, que yo sepa, puesto que una cosa es la expresión de las pasiones, y otra la descripción de las cosas. También la gramática de este lenguaje común ha sido regulada con la mayor exactitud, aunque solamente desde que *Rameau* puso el fundamento para ello. Por el contrario, el léxico, quiero decir la significación dudosa e importante del contenido de la misma, como se ha dicho más arriba, nadie, hasta que yo lo intenté seriamente, ha ensayado descifrarlo, es decir, hacer comprensible a la razón qué sea lo que la música dice en melodía y armonía, y de qué habla; lo que demuestra, como muchas otras cosas, qué poco inclinados en general son los hombres a la reflexión y a la meditación, y con qué indiferencia, por el contrario, pasan la vida. En todas partes su único intento es disfrutar, y esto con el menor gasto posible de pensamientos. Así lo trae su naturaleza consigo. Por eso resulta tan chistoso cuando creen tener que hacer el papel de filósofos, como se puede reconocer en nuestros profesores de filosofía en sus obras excelentes, y la sinceridad de su aplicación a la filosofía y a la verdad.

50

Hablando en términos generales y populares al mismo tiempo, puede uno atreverse a decir: la música en general es la melodía, cuyo texto es el mundo. El verdadero sentido de esto se obtiene mediante mi explicación de la música. Pero la relación de la música con el determinado exterior que se le impone siempre como texto, acción, marcha, baile, festividades religiosas o profanas, etc., es análoga a la relación de la arquitectura, como arte bello únicamente, encaminada sólo a fines estéticos, con las verdaderas construcciones que ha de edificar, con cuyos fines utilitarios, ajenos a ella, ha de procurar conciliar, por lo tanto, los suyos propios, logrando éstos bajo las condiciones que aquéllos exigen, y construyendo según esto un templo, un palacio, un arsenal, un teatro, etc., de manera que sea bello en sí, y apropiado además a su fin, y hasta que declare éste por su carácter estético. En servidumbre análoga, aunque no tan inevitable, se baila, pues, la música respecto del texto o de las demás realidades que se le imponen.

Tiene que someterse al texto, aunque no necesita en absoluto de él, y hasta se mueve sin él con mayor libertad; pero no tiene solamente que adaptar cada nota a la cuantidad y sentido de su palabra, sino también admitir homogeneidad con él, e igualmente tener el carácter de los demás fines caprichosos que se le puedan tal vez imponer, y ser, por lo tanto, música religiosa, de ópera, militar, de baile, etc., etc. Todo esto es tan extraño a su esencia como a la arquitectura los fines utilitarios del hombre, de modo que ambas tienen que conformarse y subordinar sus fines propios a los extraños a ellas. Esto es casi siempre inevitable para la arquitectura; para la música, no: se mueve con libertad en el concierto y, sobre todo, en la sinfonía, su más hermoso campo de acción, en el que celebra sus saturnales.

El extravío en que se encuentra nuestra música es análogo a aquel en que fue a parar la arquitectura romana bajo la decadencia, en el que precisamente el exceso de adornos ocultó en parte las relaciones fundamentales y sencillas, y en parte las desconcertó; es decir, ofrece mucho ruido, muchos instrumentos, mucho arte, pero muy pocos pensamientos fundamentales, claros, que impresionen y conmuevan.

Además, en las composiciones de la actualidad, que nada dicen, se encuentra de nuevo el mismo gusto del tiempo que soporta el estilo oscuro, indeciso, y hasta vacío de sentido, cuyo origen hay que buscar principalmente en la filosofía de Hegel y su charlatanismo. En las composiciones de ahora se tiene más en cuenta la armonía que la melodía; yo, sin embargo, soy de opuesto parecer, y tengo a la melodía por la esencia de la música, estando la armonía respecto de aquélla en la misma relación que la salsa con la carne asada.

51

La gran ópera no es verdaderamente una producción del sentido artístico puro, sino, por el contrario, de la idea algo bárbara de elevación del placer estético mediante acumulación de los medios, simultaneidad de sensaciones de distintas clases y reforzamiento del efecto por el aumento de las masas y fuerzas accionantes, mientras que la música, como la más potente de todas las artes, puede llenar por completo ella sola al espíritu que es impresionado por ella; sí, sus mayores producciones, para ser comprendidas y gozadas, requieren todo el espíritu indiviso y concentrado para que se entregue a ellas y en ellas se engolfe, a fin de comprender perfectamente su lenguaje tan increíblemente íntimo. En vez de esto, durante una música de ópera, tan sumamente complicada, penetra en el espíritu al mismo tiempo por los ojos, mediante la pompa más abigarrada, las figuras más fantásticas y las sensaciones más vivas de luz y de colores, ocupándole además el argumento de la obra. Mediante este conjunto se le divierte, se le distrae, se le aturde y se le hace menos impresionable para el santo, misterioso e íntimo lenguaje de los sonidos. Por medio de cosas semejantes se trabaja precisamente en contra de la consecución del fin musical. Además de esto, hay que contar también los bailes, espectáculo dirigido frecuentemente más a la lujuria que al placer estético, y que además, por el escaso contenido de sus medios y de la monotonía que de ello resulta, se hacen pronto fastidiosos en alto grado, y cooperan con esto a agotar la paciencia, especialmente porque a causa de la larga repetición, que dura a veces un cuarto de hora, de las mismas melodías secundarias de baile, se fatiga el sentido musical y se embota de manera que no le queda impresionabilidad para las sensaciones siguientes musicales de categoría más seria y elevada.

Podría pasar, aunque no lo exige un espíritu puramente musical, que al lenguaje puro de los sonidos, aunque él, suficiente para sí, no necesita ninguna ayuda, se le entregarán palabras y hasta una acción representada de manera perceptible, a fin de que nuestra inteligencia perceptiva y reflexiva, que no puede estar ociosa por completo, reciba con ello una ocupación fácil y análoga, mediante la cual hasta se consigue que la atención se fije más firmemente en la música y la siga; al mismo tiempo también para que a lo que dicen los sonidos en su lenguaje universal del corazón y sin imágenes se le dé una base, una imagen perceptible, un esquema, por decirlo así, o como un ejemplo para una idea general; sí, esto aumentará la sensación de la música. Sin embargo, habría que contenerlo en los límites de la mayor sencillez, porque si no, obra precisamente en sentido contrario del fin principal de la música.

La gran acumulación de voces vocales e instrumentales en la ópera produce, en verdad, efecto musical; sin embargo, el aumento del efecto, desde el sencillo cuarteto hasta aquellas orquestas de cien voces, no está en modo alguno en relación con el aumento de los medios, porque precisamente el acorde no puede tener más de tres tonos, sólo en un caso cuatro, y el espíritu no puede comprender más al mismo tiempo, aun cuando se pueden indicar a la vez aquellos tres o cuatro tonos de cuantas voces de las más diversas octavas se quiera. Por todo esto se explica que a veces una música hermosa, ejecutada sólo a cuatro voces, puede impresionarnos más profundamente que toda la ópera seria, cuyo extracto proporciona lo mismo que el dibujo; impresiona a veces más que el cuadro al óleo. Sin embargo, lo subyuga principalmente el efecto del cuarteto; es que le falta la extensión de la armonía, es decir, la distancia de dos o más octavas entre el bajo y la más grave de las tres voces más altas; como está a disposición de la orquesta desde la gravedad del contrabajo, pero cuyo efecto mismo, precisamente por esto, se aumenta increíblemente cuando un órgano que desciende hasta el último límite de la percepción del sonido, toca continuamente como acompañamiento al bajo profundo, cual sucede en la iglesia católica de Dresde. Porque sólo así produce la armonía todo su efecto. Pero en general, la sencillez, que también suele acompañar a la verdad, es una ley esencial para todo arte, para todo lo bello, para toda representación espiritual; a lo menos es peligroso apartarse de ella"

Tomada, pues, en sentido estricto, se podría llamar a la ópera un invento antimusical en beneficio de espíritus antimusicales, para los cuales la música tiene que ennegrecerse antes por un medio que le es extraño; es decir, poco más o menos, como acompañamiento de una historia amorosa tontamente tramada y de sus poéticas sopas sin sustancia; porque el texto de ópera no soporta en manera alguna sino poesía concisa llena de espíritu y pensamientos, porque a una poesía semejante no la puede seguir la composición. Pero el querer hacer a la música esclava por completo de la mala poesía, es un camino extraviado por el que Gluck ha vagado especialmente, cuya música de ópera, quitadas las oberturas, no se puede en modo alguno saborear sin el texto. Sí; se puede decir que la ópera es una ruina de la música. Porque no sólo tiene ésta que doblegarse y plegarse al curso y a los acontecimientos irregulares de un argumento absurdo; no sólo que mediante el boato pueril y bárbaro de las decoraciones y de los trajes; mediante los juegos de los bailarines y las faldas cortas de las bailarinas, se aparta y distrae de la música al espíritu, sino que hasta el cauto mismo estorba con frecuencia a la armonía, en cuanto la voz humana, que considerada musicalmente es un instrumento como otro cualquiera, no quiere coordinarse y someterse a las otras voces, sino sencillamente dominarlas. Es verdad que donde hay soprano o tiple marcha esto perfectamente, porque a ellas les corresponde, en tal propiedad, en esencia y por naturaleza la melodía. Pero en las arias de bajo y de tenor corresponde generalmente la melodía directora a los instrumentos altos, con lo que el canto se conduce, pues, como una voz indiscreta, armónica por sí sola, que quiere gritar más que la melodía. O si no, el acompañamiento se eleva por contrapunto, completamente contra la naturaleza de la música, para dar al tenor o al bajo la melodía; con lo que, sin embargo, el oído sigue siempre los tonos más altos, es decir, el acompañamiento. Soy de opinión de que las arias con acompañamiento de orquesta sirven para la tiple o la soprano; y que sólo se debían emplear, por lo tanto, las voces de hombre en el dúo con aquéllas o en piezas de varias voces, sea que canten sin ningún acompañamiento o sólo con uno de bajo. La melodía es el privilegio natural de las voces más altas, y debe continuar siéndolo. Por eso, cuando en la ópera, a un aria de barítono o bajo, tan forzada y artificial, signe una de soprano, se experimenta al punto con satisfacción lo natural y artístico de ésta. El que grandes maestros, como Mozart y Rossini, sepan aminorar y hasta vencer el inconveniente de aquellas primeras, no lo suprime.

Un placer musical mucho más puro que la ópera lo proporciona la misa cantada, cuyas palabras, generalmente ininteligibles, o los aleluya, gloria, *kirie eleison*, amén, etc., repetidas hasta lo infinito, se convierten en un sencillo solfeo, en el que la música, conservando sólo el carácter eclesiástico general, se siente libre y no la perjudican en su propio terreno, como en el canto de la ópera, miserias de todas clases; de manera que aquí desarrolla sin impedimento todas sus fuerzas, no arrastrándose tampoco por el suelo con el carácter agobiado, puritano o metodista de la música religiosa, protestante como su moral, sino elevándose y batiendo fuertemente las alas como un serafín. La misa y la sinfonía sólo dan placer verdadero completamente musical, mientras que en la ópera la música se atormenta miserablemente con el chabacanismo del argumento y procura salir adelante lo mejor que puede con la carga extraña que se le ha impuesto. El desprecio burlón con el que el gran Rossini ha tratado el texto algunas veces, es, aunque no precisamente digno de alabanza, genuinamente musical. Pero, en general, la gran ópera es en sí misma esencial y sustancialmente de naturaleza fastidiosa, porque su duración (tres horas) embota el sentido musical, mientras que al mismo tiempo la marcha a paso de tortuga de una acción generalmente imbécil, pone a prueba nuestra paciencia; defecto que sólo puede vencerse por la excelencia infinita de la ejecución sola. Por este motivo, en esta clase de obras sólo se pueden saborear las maestras, siendo desechable todo lo mediano. También se debía procurar concentrar y contraer más la ópera, para limitarla donde fuera posible a un acto y a una hora. En el sentimiento del asunto habían recurrido en Roma, en mi tiempo, al mal recurso, en el teatro della Valle, de hacer representar, alternando, un acto de una ópera y otro de una comedia. La mayor duración de una ópera tendría que ser dos horas; la de un drama, en cambio, tres; porque la atención y la tensión de espíritu que para éste se requiere dura más, porque nos impresiona menos que la música continuada, que acaba por convertirse en un tormento para los nervios; por eso ahora el último acto de una ópera, por lo general, se convierte en un martirio para los oyentes, y en otro mayor para cantantes y músicos; por lo cual se podría creer que la numerosa reunión, congregada para atormentarse a sí misma, continúe efectuándolo hasta el final, por el que ya cada uno suspira en secreto, con excepción del desertor.

La obertura debe preparar para toda la ópera, anunciando el carácter de la música y también el curso de los acontecimientos; sin embargo, no debe hacerse esto demasiado explícito y claramente; sino de manera que se prevea en sueños lo venidero.

52

Un *vaudeville* es semejante a un hombre que viste lo que ha comprado en una ropavejería; todas las piezas las han llevado ya otros para quienes fueron hechas, y a los que les estaban bien; asimismo se nota que no son todas de la misma clase. Algo así le pasa al *potpourri*, chaqueta de arlequín compuesta de jirones cosidos, arrancados de la levita de personas decentes… una verdadera infamia musical, que debía estar prohibida.

53

Merece notarse que en la música, el valor de la composición subrepuja al de la ejecución; en espectáculos dramáticos, en cambio, sucede precisamente lo contrario. Es decir, que una excelente composición ejecutada muy medianamente proporciona mucho más placer que la ejecución excelente de una mala composición. Por el contrario, una pieza teatral mala representada por actores eminentes produce mucho más efecto que una excelente hecha por comiquillos. El cometido del actor es representar la naturaleza humana en todos sus aspectos, en mil completamente distintos caracteres; pero todos ellos, sin embargo, bajo la base común de su individualidad, dada una vez para siempre, y que nunca es posible borrar por completo. Por este motivo debe ser el mismo un perfecto ejemplar de la humana naturaleza, y cuando menos uno no tan defectuoso que, según la expresión de Hamlet, no parezca formado por la naturaleza misma, sino por alguno de sus peones. Sin embargo, un actor representará tanto mejor cualquier carácter cuanto más cerca se halle de su individualidad, y mejor que todos el que se confunda con ella; por esto los malos actores tienen siempre un papel que representan perfectamente; porque en él se hallan como un rostro vivo bajo una máscara.

Para ser buen actor se necesita: 1.º, ser un hombre con el don de poder volver su interior hacia fuera; 2.º, que tenga bastante fantasía para imaginar circunstancias y sucesos fingidos con tal viveza que conmuevan su interior; 3.º, que tenga inteligencia, experiencia y educación en tal medida que pueda comprender convenientemente circunstancias y caracteres humanos.

54

La "lucha del hombre con el hado", considerada el tema de la tragedia, tiene por suposición el libre albedrío, esa manía de los ignorantes, y además también el imperativo categórico cuyos fines morales o mandatos deben ser ejecutados en contra del hado, en lo que dichos señores hallan su edificación. Pero además ese pretendido tema de la tragedia es ya una idea ridícula, porque sería la lucha con un enemigo invisible, un combate en el manto de la nieve, contra el cual, pues, se darían todos los golpes en el vacío y en cuyos brazos se arrojaría uno al querer evitarlo, lo que sucedió en efecto a Layo y a Edipo. Resulta además que el destino es todopoderoso, por lo que el luchar con él sería lo más ridículo de todas las presunciones; de modo que Byron tiene perfecta razón en decir: *además, luchar contra nuestro destino sería un combate como el del manojo de espigas que quisiera resistirse a la hoz.* Así lo entiende también Shakespeare: *Hado, demuestra tu fuerza. Nosotros no estamos obligados a ello. ¡Lo que está decretado es necesario que suceda, y que suceda así!*

Entre los antiguos, el destino es una necesidad oculta en el conjunto de las cosas, que sin consideración alguna ni a nuestros deseos y ruegos ni a culpa o merecimiento, conduce los asuntos de los hombres y lleva también en su cinto secreto las cosas independientes unas de otras externamente, para conducirlas adonde quiere; de modo que su aparente y casual reunión es en alto grado necesaria. Pues así como a causa de esta necesidad está todo predestinado *(fatum)*, así también es posible el saberlas anticipadamente por medio de oráculos, videntes, sueños, etc. La Providencia es el destino cristianizado, cambiado en el propósito de ser un dios que quisiera el mayor bien del mundo.

55

Como fin estético del coro en la tragedia, considero que junto a la opinión que tienen de las cosas los personajes principales, agitados por la tormenta de las pasiones, se manifieste también la tranquila de la sensatez; y en segundo lugar, que la moral esencial de la obra que in concreto expone la acción de la misma sucesivamente, se exprese también como reflexión sobre ésta in abstracto, es decir, sucintamente. Obrando de esta manera el coro se asemeja al bajo en la música, que como acompañamiento continuo hace percibir el tono fundamental de cada uno de los acordes de la sucesión.

Así como las capas pétreas de la tierra nos muestran las figuras de los vivientes de un antiguo mundo en las impresiones de la huella de una corta existencia a través de innumerables millares de años, así nos han dejado los antiguos en sus comedias una impresión fiel y permanente de su alegre vida y obras, tan clara y exacta que parece como si lo hubieran hecho con objeto de legar a la posteridad, a lo menos, una copia perpetua de la noble y bella existencia, cuya rapidez lamentaban. Si llenamos nuevamente con carne y hueso estas formas que nos han dejado, representando en la escena, a Plauto y a Terencio, entonces se presenta nuevamente ante nosotros aquella activa vida, tiempos ha pasada, alegre y lozana, como los antiguos suelos de mosaicos que, si se lavan, aparecen de nuevo en sus prístinos colores.

56

La comedia genuinamente alemana, nacida de la esencia y espíritu de la nación y que lo representa, es, junto a la aislada Minna von Barnhelm, la comedia de Issland. Las excelencias de estas obras son, lo mismo que las de la nación que retratan fielmente, más mora¬ les que intelectuales, pudiéndose asegurar lo contrario de la comedia francesa e inglesa.

57

El drama en general, como la más perfecta representa-ción de la humana existencia, tiene un triple clímax en su manera de comprenderla. El que es sólo interesante permanece en el primero y más frecuente grado; les personajes consiguen nuestra simpatía persiguiendo sus propios fines, semejantes a los nuestros; la acción adelanta mediante la intriga, los caracteres y la casualidad; chistes y gracejos son los condimentos del conjunto. En el segundo grado el drama es sentimental: se despierta compasión hacia los protagonistas y mediatamente hacia nosotros mismos; la acción hácese patética, pero al final vuelve la tranquilidad y el contentamiento. En el grado más elevado y difícil se intenta lo trágico: se nos presenta el horrible sufrimiento, la penuria de la existencia, siendo aquí la consecuencia última la inutilidad de todo esfuerzo humano. Nos conmovemos hondamente, y en nosotros se excita la aversión hacia la vida, ya directamente, ya como tono consonante y armónico.

El drama de tendencia política que hace señas a los momentáneos disgustos de la dulce plebe, ese apreciado producto de nuestros actuales literatos, no lo he tenido en cuenta, naturalmente; semejantes piezas suelen al año siguiente entrar en el remanso de los calendarios viejos. Pero eso no inquieta a los literatos, porque el llamamiento a su musa sólo contiene un ruego: "danos el pan nuestro de cada día".

5S

Todos los principios son difíciles, se dice. En la dramática sucede, sin embargo, lo contrario: todos los finales son difíciles. Esto lo demuestran los innumerables dramas cuya primera mitad se presenta bien, pero que después se obscurecen, se atrancan, dudan, sobre todo en el desacreditado cuarto acto, y terminan, por último, con un desenlace ya forzado, ya poco satisfactorio o bien previsto por todos mucho antes, y además, como Emilia Galotti, en uno indignante, que lleva a casa de mal humor a los espectadores. La dificultad del desenlace consiste: de un lado, en que en todas partes es más fácil enredar las cosas que desenredarlas; pero de otro, también en que al principio damos nosotros al poeta carta blanca, pero en cambio exigimos condiciones determinadas al desenlace; es decir, debe ser o completamente feliz o del todo trágico; mientras que las humanas cuestiones no toman fácilmente un giro tan determinado; además, debe producirse naturalmente y sin violencia; pero, a pesar de esto, no debe ser previsto por nadie. Lo mismo se exige de la epopeya y de la novela; en el drama, su naturaleza, más compacta, lo hace más visible, aumentando la dificultad.

El *ex nihilo nihil fit* tiene valor también en las bellas artes. Los buenos pintores tienen de modelos hombres verdaderos para sus cuadros históricos, y toman para sus cabezas caras verdaderas sacadas de la vida, que ellos después idealizan, sea según la belleza o según el carácter. Así también creo yo hacen los buenos novelistas ponen por base, esquemáticamente, a los personajes de su ficción, hombres verdaderos de los que conocen, que después idealizan y completan según sus fines.

Una novela será tanto más elevada y noble cuanta más vida interior y cuanta menos *exterior* contenga, y la relación acompañará como signo característico todos los grados de la novela, desde *Tristram Shandy* hasta la más tosca novela caballeresca o de ladrones. *Tristram Shandy*, verdaderamente, se puede decir que no tiene acción; pero ¡cuán poca tiene *La Nueva Eloísa* y el *Wil-*

helm Meister! Hasta Don Quijote tiene relativamente poca acción; es especialmente muy insignificante, y tiende a lo cómico; y estas cuatro novelas son lo mejor del género. Además, considérense las maravillosas novelas de Jean Paul, j véase cuánta vida interior hacen mover en la más estrecha base de la exterior. Hasta las novelas de Walter Scott tienen un considerable exceso de vida interior sobre la exterior, y ésta sólo se presenta siempre con objeto de poner en movimiento a la primera, mientras que en las malas novelas se halla a causa de sí misma. El arte consiste en que con la menor cantidad posible de vida exterior se ponga en el más fuerte movimiento la interior, porque lo interior es lo que verdaderamente interesa. El cometido del novelista no es referir grandes acontecimientos, sino hacer interesantes los pequeños.

59

Confieso lealmente que me parece exagerada la gran fama de la Divina Comedia. Gran parte en ella tiene ciertamente el grandísimo absurdo del pensamiento fundamental, a consecuencia del cual se nos presenta bruscamente ante la vista inmediatamente, en el Infierno, la parte más irritante de la mitología cristiana; además, contribuye también la obscuridad del estilo y de las imágenes. *Todos los necios aman y admiran más lo que ven latente bajo palabras enrevesadas.*

En cambio, es sumamente admirable la rotundidad y energía de la expresión, que llega con frecuencia al laconismo, pero aún más la incomparable fuerza de la fantasía del Dante. Mediante ésta, concede a la descripción de cosas imposibles una verdad que salta a la vista, y que además es semejante a la del sueño, porque como no puede tener experiencia alguna de estas cosas, parece como si las hubiera soñado, para poder ser pintadas tan exactamente vivas y potentes. Pero ¿qué se debe decir cuando al final del 11 canto del *Infierno* describe Virgilio el amanecer del día y la puesta de las estrellas, es decir, que olvida que se halla en el infierno, bajo tierra, y sólo a la terminación de esa parte habrá de *quindi uscire a riveder le stelle*? La misma contravención se halla al final del canto 20. ¿Es que vamos a suponer que Virgilio lleva un reloj de bolsillo, y sabe por eso lo que pasa entonces en el cielo? A mí me parece este un olvido más censurable que el que se le ha colgado a Cervantes, y que se refiere al borrico de Sancho Panza.

El título de la obra del Dante es sumamente original y acertado, e indudablemente irónico. ¡Una comedia! Verdaderamente eso sería el mundo: una comedia para un Dios cuya insaciable sed de venganza y estudiada crueldad se regocijara en el último acto de la misma en el tormento inútil y sin objeto de los seres que ha traído a la existencia por ociosidad, y esto porque ellos no habían resultado a su gusto, y, por lo tanto, en su corta vida habían hecho y habían creído cosas distintas de lo que él quería. En comparación con su inaudita crueldad, todos los crímenes tan duramente castigados en el Infierno no valdrían la pena; más aún, él mismo sería peor que todos los demonios que encontramos en el Infierno, porque éstos obran solamente por orden suya y en virtud de su poder. Por eso el Padre Zeus rechazará la honra de ser identificado con él, sin más ni más, cosa que, de una manera rara, sucede en algunos pasajes; y hasta se lleva a lo ridículo, en el Purgatorio: *¡Oh sumo Jove, que fuiste en la tierra crucificado por nosotros!* ¿Qué diría a esto Zeus? También es sumamente repugnante la clase de sumisión, semejante a la de un esclavo ruso, de Virgilio al Dante y de cada uno bajo las órdenes del mismo, y la tímida obediencia con que se reciben en todas partes sus ukases. Pero este espíritu de esclavitud se exagera tanto por Dante mismo, que se hace culpable completamente de falta de honor y de conciencia, en un caso que refiere alabándose de ello. Honra y conciencia no tienen ya valor ninguno para él, en cuanto se encuentran en alguna parte con las crueles determinaciones del Domeneddio; por eso, pues, en este caso, la promesa dada por él firme y solemnemente para conseguir una petición, echar una gotita de lenitivo en el tormento de uno de aquellos martirios inventados y ejecutados cruelmente después que el atormentado llena la condición impuesta, es rota franca y descaradamente por Dante, sin honor ni conciencia, *in majorem Dei gloriam*; y eso porque cree completamente prohibido aminorar en lo más mínimo uno de aquellos tormentos impuestos, aunque sólo sea como aquí, secando una lágrima helada, cosa que no le había sido vedada de una manera expresa, y, por lo tanto, deja de hacerlo, a pesar de haberlo prometido y jurado tan solemnemente hacía un momento. En el cielo será tal vez esto costumbre y será laudable, no lo sé; pero en el mundo, el que así obra se llama un infame. Por eso se pone de manifiesto, dicho entre paréntesis, cuan dudosa es toda moral que no tiene más base que la voluntad de Dios, puesto que siempre, así como se vuelven los polos de un electroimán, se puede hacer de lo malo bueno y de lo bueno malo. Todo el Infierno del Dante es verdaderamente una apoteosis de la crueldad, y aquí, en el penúltimo canto, se glorifica, como se ha dicho, la falta de honor y de conciencia. *Lo que es verdad lo digo en todas partes sin temor a nadie.*

Por lo demás, para los mortales sería el asunto una divina tragedia y sin término alguno. Aunque el prólogo que precede a la misma puede ser de vez en cuando divertido, es, sin embargo, de brevedad rapidísima, comparado con la duración interminable de la parte trágica. No se puede dejar de pensar que Dante mismo se escondió una secreta sátira acerca de este delicioso orden del mundo; si no, haría falta un gusto completamente especial para regocijarse en la descripción de absurdos irritantes y continuadas escenas de verdugo.

Yo prefiero mi muy querido *Petrarca* a todos los otros poetas italianos. Ningún poeta del mundo le ha sobrepujado jamás en la profundidad e intimidad del sentimiento y en la inmediata expresión del mismo, que va directamente al corazón. Por esta razón son para mí más queridos sus sonetos, triunfos y canciones, que las fantásticas farsas de Ariosto y los horribles mamarrachos del Dante. También me gusta de manera completamente distinta el natural flujo de su discurso, que sale directamente del corazón, que la afectada escasez de palabras del Dante. Siempre ha sido el poeta de mi corazón y continuaré siéndolo. El que la actualidad más excelente se atreva a hablar despreciativamente de Petrarca, me fortalece en mi juicio. Como prueba superflua del mismo se pueden comparar aun al Dante y a Petrarca, por decirlo así, en vestido de casa, es decir, en la prosa, poniendo al lado de los hermosos libros de Petrarca, llenos de ideas y de verdad, De vita solitaria, *De contemtu mundi, Consolatio utriusque fortunae*, etc., además de sus cartas, el infructuoso escolasticismo del Dante. Por último, Tasso no me parece digno de ocupar el cuarto lugar junto a los tres grandes poetas de Italia. Procuremos ser justos como posteridad, aunque no podamos serlo como contemporáneos.

60

Es un rasgo de la objetividad que se manifiesta tan únicamente en Homero, el que en sus obras las cosas reciban siempre los predicados que les corresponden absoluta y llanamente, pero no los que están en relación o analogía con lo que sucede; el que, por ejemplo, los aqueos se llamen los bien armados, la tierra siempre lo que alimenta la vida, el cielo el extenso, el mar el de color vinoso.

Él deja, como la Naturaleza misma, intactos los objetos por los humanos sucesos o estados de ánimo. Que sus héroes gocen o estén tristes, la Naturaleza continúa indiferente su camino. En cambio a los hombres subjetivos les parece, cuando están tristes, toda la Naturaleza lúgubre, etc. Pero Homero no lo hace así.

Entre los poetas de nuestro tiempo, Goethe es el más objetivo; Byron, el más subjetivo. Éste sólo habla siempre de sí mismo, y hasta en los géneros de poesía más objetivos, en el drama y en la epopeya, se pinta a sí mismo en el protagonista.

Respecto de Jean Paul, está Goethe como el polo positivo respecto del negativo.

61

El *Egmont*, de Goethe, es un hombre que toma la vida por su lado alegre, y tiene que purgar su error, Pero también esa misma naturaleza de su espíritu le hace aceptar la muerte con indiferencia. Las escenas populares son el coro en el *Egmont*.

62

En Apuleyo, la historia de la viuda, cuyo marido muerto en la caza se le aparece, es completamente análoga a la de Hamlet. Veamos una conjetura sobre una de las obras maestras de Shakespeare, que es en verdad muy atrevida, pero que, sin embargo, deseo presentarla al juicio de los verdaderos peritos. En el célebre monólogo *ser o no ser*, la expresión *cuando hemos sido* ha sido hallada siempre oscura y hasta enigmática, y nunca ha sido puesta en claro por completo. ¿No habría sido primitivamente *shuffled off*? Este verbo no existe ya, pero *shuffle* significa tardanza, y *coil* un ovillo; según lo cual, el sentido sería: cuando hayamos desenredado, terminado de enrollar este ovillo de la mortalidad. El error de pluma pudo haberse cometido fácilmente.

63

En Venecia, en la Academia de Bellas Artes, hay, entre los frescos pasados al lienzo, un cuadro que representa, de una manera muy especial, a los dioses presidiendo en las nubes, en mesas de oro, en asientos áureos, y debajo a los convidados, caídos, ultrajados, en profundidades nocturnas. Goethe ha visto ciertamente ese cuadro, cuando en su primer viaje a Italia escribió la *Ifigenia*.

64

La historia es para el tiempo lo que la geografía para el espacio. Siempre ha sido un estudio favorito de los que quieren aprender algo sin aceptar el esfuerzo que requieren las verdaderas ciencias, que toman a contribución la inteligencia. Pero más que antes es querida en nuestra época, como lo demuestran los innumerables libros de historia que se publican cada año. El que como yo no puede por menos de ver siempre en cada historia lo mismo, como el caleidoscopio a cada vuelta siempre las mismas cosas bajo otras configuraciones, ese no puede alimentar semejante interés apasionado; pero, sin embargo, no censurará. Sólo el que algunos quieran hacer de la historia una parte de la filosofía, y hasta convertirla en esta misma, imaginando que podría ocupar el lugar de aquélla, es ridículo y absurdo. Como explicación de la preferencia hacia la historia, propia del mayor público de todos los tiempos, se puede considerar la conversación social, tal como es práctica y costumbre en el mundo; consiste, en efecto, por regla general, en que uno cuente algo y después otro otra cosa, estando así cada cual seguro de la atención de los demás. Como en este caso vemos también en la historia al espíritu ocupado con lo completamente particular como tal, al paso que en la ciencia elévase también en toda más noble conversación a lo general. Sin embargo, esto no quita a la historia su valor. La vida humana es tan corta y fugitiva, y repartida en tan numerosos millones de individuos, que se precipitan a manadas en las fauces siempre desmesuradamente abiertas del monstruo que los espera, el olvido, que es un esfuerzo digno de agradecimiento el salvar algo de ello, el recuerdo de lo más importante y de mayor interés, los acontecimientos y las personas principales, de entre el naufragio general del mundo.

Por otra parte, podríase considerar la historia como continuación de la zoología, en cuanto en todos los animales basta la consideración de las especies; pero, sin embargo, en el hombre, porque tiene carácter individual, hay que conocer también a los individuos, con los sucesos individuales, como condición para ello. De esto resulta inmediatamente la imperfección fundamental de la historia, porque los individuos y los acontecimientos son innumerables y no tienen fin. En el estudio de ella la suma de lo que hay que aprender no se disminuye,por lo que de ella se ha aprendido. En todas las ciencias verdaderas se puede esperar a lo menos una integridad del conocimiento. Si la historia de China o India nos fuera manifiesta, lo infinito del asunto revelaría lo equivocado del camino, y obligaría a comprender a los deseosos del saber que hay que reconocer en uno lo mucho, en el caso la regla, en el conocimiento de la humanidad el trabajo de los pueblos, pero no contar hechos hasta lo infinito.

La historia, desde el principio hasta el fin, refiere solamente guerras, y el mismo tema es el asunto de todas las colecciones antiguas de láminas, como también de las modernas. Pero el origen de todas las guerras es afán de robar; por eso dice Voltaire con razón: *en todas las guerras no se trata más que de robar*. En cuanto un pueblo nota una plétora de fuerzas, cae sobre los vecinos para, en vez de vivir de su propio trabajo, apropiarse el producto del de aquéllos, sea solamente del existente en la actualidad o también aun del futuro, sometiéndolos. Esto da el asunto a la historia universal y sus heroicidades. Especialmente en los diccionarios franceses, debía tratarse en el artículo *gloire* primeramente la fama artística y literaria, y después en *gloire militaire* decir solamente: *voyez butin*.

Sin embargo, parece que los pueblos muy religiosos, los indios y los egipcios, cuando notaron exceso de fuerzas, no las emplearon generalmente en rapiñas o heroicidades, sino en construcciones que desafían a los siglos y hacen respetable su recuerdo.

A la imperfección fundamental de la historia indicada antes, hay que añadir que la musa de la historia, Clío, está tan completamente inficionada por la mentira como una prostituta callejera por la sífilis. Es verdad que la nueva y crítica investigación histórica se esfuerza en curarla; pero sólo vence con sus remedios locales síntomas aislados únicamente que se presentan de vez en cuando, en lo cual, además, se deslizan entre otros algunos ungüentos que empeoran el mal. Más o menos sucede eso con todas las historias; exceptuando la sagrada, como se comprende de suyo. Yo creo que los sucesos y las personas de la historia se parecen a los verdaderos que han existido, próximamente como se parecen, en general, a los escritores sus retratos grabados en la portada; es decir, tanto así como un esbozo, de manera que tienen un parecido débil, a menudo desfigurado completamente por un rasgo falso y a veces absolutamente inseguro.

Los periódicos son el segundero de la historia. Pero esto no sólo es generalmente de metal más ordinario que las otras dos manecillas, sino que raras veces marcha bien. Los llamados artículos de fondo son en ellos el coro del drama de los probables sucesos. La exageración de toda clase es precisamente tan esencial a la manera de escribir de los periódicos como alarde dramático, porque lo que importa es hacer mucho en lo posible. Por eso todos los periodistas son alarmistas, a causa del oficio; esa es su manera de hacerse interesantes, y a causa de ello se parecen a los perritos, que dan en seguida fuertes ladridos a cualquier cosa que se mueve. Según esto, hay que acomodar uno su consideración a su trompeta de alarma, a fin de que no le echen a perder la digestión a nadie, y sepa en general que el periódico es un cristal de aumento, y esto en el mejor caso, porque con frecuencia es solamente una sombra chinesca en la pared.

En Europa, además, la Historia Universal va acompañada todavía por un indicador diario cronológico completamente especial, que en las expansiones perceptibles de los acontecimientos permite reconocer a primera vista cada decenio; éste se halla bajo la dirección del sastre. (Por ejemplo, un supuesto retrato de Mozart, expuesto en Francfort en 1856, que lo representaba siendo joven, lo reconocí inmediatamente como ilegítimo, porque el traje pertenecía a una época de veinte años atrás.) Sólo en el decenio actual se ha puesto en desorden, porque éste no tiene ni originalidad bastante para inventar, como los demás, una moda nueva en vestidos que le sea propia, sino que representa solamente una mascarada, en la que se anda por ahí en toda clase de trajes, ha tiempo caídos en desuso, de una época pasada, como un anacronismo viviente. Hasta el período que le ha precedido tuvo cuanto espíritu se necesita para inventar el frac.

Considerada más detenidamente la cosa, tiene esta explicación: Así como cada hombre tiene una fisonomía, por la que se le juzga momentáneamente, así también cada época tiene una que no es menos característica. Porque el espíritu de cada tiempo aseméjase a un fuerte viento oriental que sopla a través de todas las cosas. Por eso se baila su huella en todos los actos, en todos los pensamientos escritos, en la música y en la pintura, en el florecimiento de tal o cual arte; imprime su sello a todas y a cada una de las cosas; por ese motivo, por ejemplo, la época de las frases sin sentido tuvo que ser también la de la música sin la melodía y la de las formas sin objeto y sin fin. A lo sumo, los espesos muros de un convento pueden impedir el paso de aquel viento oriental, si no llega al fin a derribarlos. Por eso, pues, el espíritu de una época le comunica también su fisonomía exterior. El bajo profundo para ésta lo toca siempre la arquitectura de cada época; por ella se rigen, en primer término, todos los ornamentos, vasijas, muebles, utensilios de toda clase, y por último, basta los vestidos, a más de la manera de cortarse el cabello y la barba. La época actual lleva, como se ha dicho, por falta de originalidad en todas estas cosas, el sello de la carencia de carácter; pero lo más lastimoso es que ha escogido como modelo la tosca, tonta e ignorante Edad Media, desde la que salta de vez en cuando a la época de Francisco I de Francia y hasta de Luis XIV.

¡Cómo impondrá a la posteridad su cara exterior, conservada en cuadros y monumentos! A sus ordinarios aduladores populares les dan el nombre característico y bien sonante de actualidad; es decir, como si fuera ella el presente, la por todo el pasado preparada, al fin conseguida actualidad. ¡Con qué respeto contemplará la posteridad nuestros palacios y casas de campo, construidos en el más miserable estilo rococó de la época de Luis XIV! Pero difícilmente sabrá lo que debe hacer con los retratos de las fisonomías de limpiabotas con barbas socráticas y de los petimetres de mi juventud en traje de judíos usureros.

A la completa, falta de gusto de esta época pertenece también el que en los monumentos que se erigen a los grandes hombres se representen éstos con traje a la moderna. Porque el monumento se levanta a la persona ideal, no a la real, al héroe como tal, al portador de tal o cual cualidad, autor de tales obras o acciones, no al hombre, tal como luchó en el mundo, impregnado de todas las flaquezas y faltas que van anejas a nuestra naturaleza; y con éstas no debían glorificarse juntamente la levita y los pantalones, tal como los llevó. Mas como hombre ideal, preséntese en figura de hombre vestido solamente según la costumbre de los antiguos, es decir, medio desnudo. Y así únicamente está también a la medida de la escultura, que, como tal, remitida sólo a forma, exige la forma humana completa e indiferente.

Y ya que estoy tratando de los monumentos, quiero notar, además, que es un visible despropósito, y hasta un verdadero absurdo, colocar la estatua en un pedestal de 10 o 20 pies de altura, donde nadie puede verla nunca bien; tanto más, cuanto que, por regla general, es de bronce, y por ende, negruzca; porque vista de lejos no es distinta; pero si se acerca uno se eleva tanto, que tiene al alto cielo por fondo, que deslumbra la vista. En las ciudades italianas, sobre todo en Florencia y Roma, hay infinidad de estatuas en plazas y calles, pero todas en muy bajos pedestales, para que se puedan ver bien; hasta los colosos del 'Monte caballo están sobre pedestales bajos. De modo que también en esto se manifiesta el buen gusto de los italianos. A los alemanes, por el contrario, les gusta un capitel de pastelero, con relieves, para ilustración del héroe representado.

65

Al final de este capítulo acerca de estética, debe también ocupar un lugar mi opinión sobre la colección de *Boisserée*, que se halla ahora en Munich, de cuadros de la escuela del Rhin inferior.

Una legítima obra de arte no debe necesitar verdaderamente el preámbulo de una historia de arte para poderla disfrutar. Sin embargo, en ninguna clase de cuadros sucede esto tanto como en los que de aquí tratamos. A lo menos no se apreciará justamente su valor hasta que se haya visto cómo se pintaba antes de Juan van Eyck; es decir, en el gusto bizantino; es a saber: sobre fondo de oro en *tempra*, con figuras sin vida y sin movimiento, tiesas y rígidas; añadiendo a esto macizo resplandor glorioso que además contiene el nombre del santo. Van

Eyck, como verdadero genio, volvió a la Naturaleza, dió fondo a los cuadros, a las figuras posición, agrupación y ademanes animados, a las fisonomías expresión y verdad y a las arrugas exactitud; además introdujo la perspectiva y alcanzó en general en la ejecución técnica la mayor perfección. Sus sucesores permanecieron en parte en este camino, como Schorcel y Hemling, y en parte volvieron a los antiguos absurdos. Hasta él tuvo que conservar todavía de aquellos absurdos tanto cuanto estaba obligado a ello, según la manera de ver eclesiástica; tuvo que nacer, por ejemplo, resplandores gloriosos y macizos rayos de luz. Pero se ve que rebajaba cuanto podía. Se mantiene, por lo tanto, peleando siempre contra el espíritu de su época; lo mismo Schorcel y Hemling.

Por consiguiente, hay que juzgarlos teniendo en cuenta su época. Hay que cargar a ésta el que sus motivos sean en su mayor parte anodinos, con frecuencia insulsos, siempre trillados, eclesiásticos; por ejemplo: "Los tres Reyes", "María moribunda", "San Cristóbal", "San Lucas que pinta a María", y otros semejantes. También es culpa de su época que sus figuras no tengan nunca una posición y semblante libres, puramente humanos, sino que generalmente tienen ademanes eclesiásticos, es decir, ademán forzado, impuesto, humilde y callado de mendigo. A esto hay que añadir que aquellos pintores no conocían a los antiguos; por eso sus figuras tienen raras veces hermosos semblantes; generalmente los miembros son feos y nunca bellos. Falta la perspectiva del espacio;

la plana es generalmente exacta. Todo lo ha tomado de la Naturaleza, tal como les era conocida; por ese motivo la expresión del rostro es verdadera y sincera; sin embargo, en ninguna parte es expresiva, y ninguno de sus santos tiene huellas de aquella elevada y sobrenatural expresión de verdadera santidad en el rostro que dan solamente los italianos, sobre todo Rafael y Correggio.

Por lo tanto, los cuadros de que se trata podrían juzgarse objetivamente del modo siguiente: tienen la mayor perfección técnica, en general, en la representación de la realidad, tanto de las cabezas como de las vestiduras y telas, casi como mucho después, en el siglo XVII, la alcanzaron los verdaderos holandeses. Por el contrario, la noble expresión, la más elevada belleza y la verdadera gracia les son extrañas. Pero como éstas son el fin con que se relaciona la perfección técnica como medio, no son por lo tanto obras artísticas de primer orden; más aún, no se puede incondicionalmente disfrutar de ellas, porque las deficiencias indicadas, juntamente con los asuntos que nada dicen y el general ademán de iglesia, deben suprimirse siempre primero, y cargárselo en cuenta a la época.

Su mérito principal, pero sólo en van Eyck y sus mejores discípulos, consiste en la engañadora imitación de la realidad, conseguida mediante mirada clara en la Naturaleza y férrea aplicación en el pintar; después en la viveza de los colores, un mérito propio exclusivamente de ellos. Con tales colores no se ha pintado ni antes ni después de ellos; son ardientes y ponen de manifiesto la mayor energía del color. Por eso estos cuadros parecen, tras cerca de cuatrocientos años, pintados de ayer. ¡Si hubieran conocido Rafael y Correggio estos colores! Pero permanecieron un secreto de la escuela, y se han perdido por lo tanto. Habrá que analizarlos químicamente.

Capítulo VI · Sobre crítica, juicio, aplauso y gloria
66

Kant ha expuesto su estética en la Crítica del juicio; ateniéndonos a ella, agregaré en este capítulo a mis anteriores consideraciones estéticas una ligera crítica del juicio; pero sólo del juicio dado empíricamente y en particular para decir que generalmente no existe juicio alguno, siendo casi una tan *rara avis* como el ave fénix, para cuya aparición hay que esperar cuatrocientos años.

67

Con la expresión *gusto*, no muy adecuada, desígnase aquel descubrimiento o simple apreciación de lo correcto *estéticamente*, que se efectúa sin regla, sea que no se extiende hasta ello ninguna, o también que no le fuera conocida al ejercitante o juzgador. En vez de gusto podría decirse *sentimiento estético*, si esto no fuera un tanto tantológico. El gusto que juzga es como lo femenino para lo masculino del genio, y consiste en la facultad de *percibir* lo justo, lo bello y sus contrarios; en diferenciar lo bueno de lo malo, extraerlo y apreciarlo y rechazar esto último.

68

A los escritores se les puede dividir en estrellas fugaces, planetas y estrellas fijas. Los primeros producen el estruendo momentáneo; se ven, se exclama "¡mira!" y desaparecen para siempre. Los segundos, es decir, las estrellas errantes y planetas, tienen más consistencia. Brillan, aunque sólo a causa de su proximidad, a veces con más claridad que las estrellas fijas, y los imperitos las confunden con éstas. Sin embargo, pronto abandonan su lugar; tienen además solamente luz prestada y una esfera de acción limitada a colegas de órbita (contemporáneos). Andan y cambian; una vuelta de algunos años de duración, y acaban. Sólo las terceras son inmóviles, fijas en el firmamento; tienen luz propia, ejercen su acción en una época como en otra, no cambiando de aspecto porque nosotros cambiemos de posición, pues no tienen eje de paralelismo. Iso pertenecen, como aquéllas, a un solo sistema (nación), sino al mundo. Pero precisamente por su altura necesitan su luz generalmente muchos años antes de hacerse visible a los habitantes de la tierra.

69

Como medida de un genio no se deben tomar sus caídas o la más débil de sus obras para deprimirlo, sino su obra mejor. Porque también en lo intelectual el error está tan apegado a la humana naturaleza, que ni aun el genio más brillante está siempre libre de ellos por completo. De ahí las faltas que se pueden comprobar en las obras de los más grandes hombres, y el dicho de Horacio: *alguna vez dormita el buen Homero*. Lo que distingue el genio y debía ser su medida, es la altura a que se ha podido elevar cuando la época y el estado de ánimo eran favorables, y que queda inaccesible a los talentos vulgares. Igualmente es de mal resultado comparar a los grandes en el mismo género; es decir, grandes poetas, grandes músicos, filósofos y artistas; porque al hacerlo es injusto, casi sin poder evitarlo. Además, fijándose en la superioridad propia del uno hállase que le falta al otro; por lo que se le coloca en categoría inferior. Pero si se parte de la superioridad propia del último y distinta de la del primero, se buscará la misma en éste, resultando de tan diverso punto de vista otra colocación en lugar inmerecido.

70

Hay críticos que creen saber lo bueno y malo porque toman su cornetín por la trompeta de la Fama. Así como una medicina no surte efecto si la dosis es demasiado grande, a los discursos de censura y d las críticas, cuando traspasan los límites de la justicia, les pasa lo mismo.

71

La desgracia de los méritos espirituales es el tener que esperar que alaben lo bueno aquellos que sólo producen lo malo; y en general, hasta el que tengan que recibir sus coronas de manos del humano juicio; que es una propiedad que la mayor parte de los hombres poseen en grado ínfimo, al modo que el castrado carece de fuerza genitora; hay que contarla entre los más raros dones de la Naturaleza. No saben distinguir lo verdadero de lo falso, la avena de la paja, el oro del cobre, y no perciben la inmensa diferencia que existe entre la cabeza vulgar y la muy extraordinaria. El resultado de esto es el mal estado que expresa así una antigua copla: *Los genios son conocidos aquí en la tierra cuando han dejado de existir.*

Lo verdadero y lo excelente hallan en su camino, al presentarse, primeramente, lo malo, por quien encuentran ocupado ya su puesto, y que pasa precisamente por aquéllos. Después de largo tiempo y dura lucha consiguen vindicar para sí el puesto, si bien no tardan en traer a cualquier imitador amanerado, falto de espíritu y torpe, para colocarlo, con gran tranquilidad, en el altar al lado del genio; porque no ven la diferencia, sino que piensan con toda seriedad que ese es también uno de tantos. Esto lo expresa Iriarte al comenzar la 28.ª de sus Fábulas literarias con *siempre acostumbra a hacer el vulgo necio de lo bueno y lo malo igual aprecio.*

Así también los dramas de Shakespeare tuvieron que ceder su sitio, en cuanto murió, a los de Ben Johuson, Massinger, Beaumont y Fletcher, y dejarlo libre durante cien años. Así también la seria filosofía de Kant fué rechazada por las manifiestas patrañas de Fichte, el eclecticismo de Schelling y las chocheces empalagosas y beatas de Jacobi, y se llegó al punto de que un miserable charlatán, Hegel, fuera colocado al igual de Kant y hasta por encima de él.

Hasta en una esfera a todos accesible vemos pronto rechazado de la atención del gran público por indignos imitadores al incomparable Walter Scott. Porque dicho público carece en el fondo de sentido para lo excelente, y, por lo tanto, no sospecha cuan sumamente raros son los hombres que pueden ejecutar verdaderamente algo en poesía, arte o filosofía, y que, sin embargo, sus obras absolutamente solas sean dignas de nuestra atención; por lo que el "ni los hombres ni los dioses permiten ser mediocres a los poetas" había que restregárselo todos los días debajo de las narices, sin consideración alguna, a los chapuceros en poesía, y lo mismo en cualquier otro elevado ramo. Estos, en efecto, son la mala hierba que no deja crecer el trigo para cubrirlo todo ella misma.

No menos se manifiesta aquella falta de juicio en las ciencias, en teorías falsas en un todo y refutadas. Una vez que han alcanzado crédito, desafían medios siglos y hasta siglos enteros, como una mole de piedra las olas del mar. Después de cien años, aún no había rechazado Copérnico a Ptolomeo. Bacon de Yerulamio, Descartes y Loche se han dado a conocer con extraordinaria lentitud.

No sucedió otra cosa a Newton; véase solamente el encarnizamiento y la burla con que Leibnítz combate el sistema de la gravitación de Newton en su controversia con Ciarhe (2). Aunque Newton sobrevivió cerca de cuarenta años a la aparición de sus principios, su doctrina había alcanzado renombre sólo en Inglaterra, mientras que fuera de su patria apenas contaba veinte partidarios, según el prefacio a la exposición que Voltaire hizo de su doctrina. Precisamente ésta ha contribuido más que nada, cerca de veinte años después de su muerte, a dar a conocer su sistema en Francia. Entonces, en efecto, se mantenían allí firmes, constante y patrióticamente, los embrollos cartesianos. Cuarenta años antes, sin embargo, había estado prohibida en las escuelas francesas la filosofía de Descartes. Y ahora negaba nuevamente el canciller D'Aguesseau a Voltaire el *imprimatur* a su exposición de la teoría de Newton. En cambio, conserva en nuestros días completamente el campo de combate la absurda teoría de los colores de Newton, cuarenta años después de la aparición de Goethe. *Hume*, aunque se presentó muy pronto y escribió completamente en estilo popular, permaneció olvidado hasta los cincuenta años. *Kant*, a pesar de haber escrito y enseñado toda su vida, no se hizo célebre antes de los sesenta años. Los artistas y los poetas tienen, naturalmente, mejor suerte que los pensadores, porque su público es lo menos cien veces mayor.

No obstante, ¿qué significaban Mozart y Beethoven durante su vida? ¿Qué, Dante? ¿Qué, el mismo Shakespeare? Si los contemporáneos de este último hubieran conocido algo su valor, tendríamos a lo menos de aquella época del florecimiento de la pintura un retrato bueno y verdadero del mismo, mientras que ahora sólo existen retratos completamente dudosos, un grabado en cobre muy malo y un busto sepulcral aún peor. De igual manera existirían a centenares los manuscritos, y no tendríamos que limitarnos a conocer sólo un par de firmas judiciales. Todos los portugueses están orgullosos de Camoens, su poeta; pero vivía de limosnas que recogía para él, por la noche, un muchacho negro traído de la India. Es verdad que con el tiempo se le hace justicia a cada uno *(tempo e galantuomo)*; sólo que se hace tan tarde y despacio como en otro tiempo la hacía la Cámara de Justicia del Reino, y la condición precisa es que no viva ya. Así que el que ha producido una obra inmortal, para su consuelo, tiene que aplicarse el mito indio de que los minutos de la vida de los inmortales parecen años en la tierra, y de igual manera los años terrestres son minutos de los inmortales.

La falta de juicio lamentada aquí se manifiesta también en que en cada siglo se honra en verdad lo excelente de los tiempos anteriores, pero lo del presente se desconoce, y la atención que se le debe se presta a obras malas, con las que cada decenio anda cargado, para que el siguiente se burle de él por ese motivo. El que los hombres, pues, reconozcan tan difícilmente el verdadero mérito cuando se presenta en su propia época, demuestra que tampoco entienden, ni disfrutan, ni aprecian verdaderamente las obras del genio. Y la prueba de esta, demostración es que lo malo, por ejemplo, la filosofía de Fichte, cuando está acreditado, mantiene su influjo durante un par de generaciones. Sólo cuando el público se hace más numeroso comienza a caer.

72

Pero así como el sol necesita un ojo para brillar, y la música un oído para sonar, el valor de las obras maestras en arte y ciencias está condicionado por el espíritu afín, igual a ellas al que hablan. Sólo él posee la palabra mágica, mediante la cual se mueven los espíritus desterrados en tales obras. La cabeza vulgar está ante ellos como ante mía cerrada arca mágica o ante un instrumento que no sabe tocar, del que, por lo tanto, sólo arranca sonidos irregulares; así que se engañe gustoso acerca de ello.

Y como sucede con el mismo cuadro al óleo visto en un rincón, o cuando el sol brilla sobre él, también es muy distinta la impresión de la misma obra maestra, según la cabeza que la examina. Necesita una obra bella un espíritu sensible, una obra pensada un espíritu pensador.

Sólo que a uno que manda una obra tal al mundo, le puede suceder muy a menudo lo que a un pirotécnico que quema entusiásticamente los fuegos de artificio que preparara largo tiempo delante de los educandos del colegio de ciegos. Y aun así y todo, sale mejor librado que si hubiera tenido un público compuesto sólo de pirotécnicos, porque en ese caso, si su labor era extraordinaria podía haberle costado la cabeza.

73

La fuente del placer es la homogeneidad. Ya para el sentido de lo bello es la especie propia la más bella. En el trato también prefiere cada uno lo más semejante a él; de modo que a un tonto le es más preferible el trato de otro tonto que el de todos los grandes espíritus juntos. A cada uno deben gustarle más que nada en primer lugar sus propias obras, porque son el reflejo de su propio espíritu y el eco de sus pensamientos. En segundo lugar, le gustarán a cada uno las obras de los que le son homogéneos; es decir, que el trivial, superficial, confuso, y que busca solamente palabras, dará su aplauso sincero, sentido, a lo trivial, superficial, confuso y a la palabrería; en cambio las obras de los grandes genios las dejará valer por autoridad; es decir, obligado por el temor, mientras que en su corazón le disgustarán. No son de su gusto, y hasta se le resisten; pero sin embargo, esto no se lo confiesa. Sólo las cabezas privilegiadas pueden disfrutar verdaderamente las obras del genio; pero para el primer conocimiento de las mismas, cuando se hallan aún desprovistas de autoridad, se requiere una gran altura de espíritu.

Según esto, no debe uno admirarse de que alcancen aprobación y gloria tan tarde, sino, por el contrario, de que las alcancen alguna vez. Eso se efectúa sólo mediante un largo y complicado proceso, es a saber: reconociendo cada espíritu, obligado y como a la fuerza, el sobrepeso de lo que está en primer término por encima de él, y así sucesivamente, mediante lo cual llega poco a poco hasta el punto de que el solo resultado del peso de los voto3 sobrepuja al del numero de los mismos; lo que es precisamente la condición de toda legítima, es decir, merecida fama. Pero aun entonces puede el mayor genio, después de haber dado sus pruebas, hallarse como un rey entre la multitud de su propio pueblo, pero que no le conoce personalmente, y que, por lo tanto, no le obedecerá cuando no le acompañen sus consejeros más importantes. Porque ningún empleado subalterno es capaz de recibir sus órdenes directamente. Ese conoce sólo la firma de su superior, como éste la del suyo, y así sucesivamente hasta lo más alto, donde el secretario del Gabinete atestigua la firma del ministro y éste la del rey. Mediante grados intermedios, se halla condicionada la gloria del genio entre la multitud. Por eso también se detiene el adelanto de la misma con más facilidad al principio; porque las oficinas superiores, de las que sólo pueden ser pocos, yerran con la mayor frecuencia; pero cuanto más se desciende a tantos más se dirige la orden al mismo tiempo, por lo cual no se detiene ya más.

Debemos consolarnos acerca de este proceso, pensando que debe tenerse por una dicha el que la mayor parte de los hombres juzguen, no con medios propios, sino solamente con autoridad ajena. Porque ¿qué juicios se formarían acerca de Platón y Kant, sobre Homero, Shakespeare y Goethe, si cada cual juzgara por lo que a él le parecen y disfruta verdaderamente con ellos, y la autoridad obligatoria no le hiciera decir, por el contrario, lo que conviene, aunque le guste muy poco en el fondo de su corazón? Sin semejante circunstancia le sería imposible conseguir gloria al verdadero mérito, en un género elevado. Al mismo tiempo es una segunda dicha el que cada uno no tenga más juicio propio que el que necesita para reconocer la superioridad del que está inmediatamente sobre él y seguido; por lo cual, en último término, los muchos se someten a la autoridad de los pocos, y resulta aquella jerarquía de los juicios sobre la que descansa la posibilidad de la gloria firme y, al fin, duradera. Para la clase más baja, a la que son completamente inaccesibles los méritos de un gran espíritu, el monumento sólo como tal despierta por último en ella, mediante una impresión sensible, una vaga idea de los mismos.

74

Sin embargo, no menos que la falta de juicio, se halla en oposición a la gloria del mérito la envidia; ésta, que se opone hasta en los más inferiores, ya desde el primer paso y no le separa hasta el último, y que por eso precisamente contribuye en gran escala a la marcha del mundo, y Ariosto tiene razón en definirla como *esta asaz más oscura que serena vida mortal, toda de envidia llena.*

La envidia es, en efecto, el alma de la confederación de todas las medianías, que florece silenciosa en todas partes y que se reúne sin previo aviso contra el único bueno de cada clase. En efecto: a uno semejante no quiere tenerlo nadie en su círculo de acción, ni consentirlo en su terreno; sino que si *alguno sobresale entre nosotros; pues que vaya a sobresalir a otra parte; esa es en todas parte* es la solución unánime de la medianía.

A la rareza y dificultad que halla lo excelente en ser comprendido y reconocido, hay que añadir, pues, aquel influjo unánime de la envidia de muchísimos que intentan subyugarlo, y hasta, si es posible, ahogarlo por completo. Por eso, en cuanto se nota en cualquier ramo del saber un talento eminente, se esfuerzan a una todas las medianías del mismo ramo en taparlo, anularlo e impedir de todas las maneras que sea conocido, que se muestre y se ponga de manifiesto; no de otro modo que si fuera una alta traición efectuada a su inhabilidad, trivialidad y chapucería. Generalmente, este su sistema de subyugación obtiene buen resultado durante un largo espacio de tiempo, porque precisamente el genio que les presenta su asunto con infantil confianza para que se puedan regocijar en él, es el que menos puede hacer frente a los artificios y rencores de almas ruines, que sólo en lo vulgar se hallan en su elemento por completo, y que hasta ni siquiera los sospecha ni comprende; por eso, después, perplejo acerca del recibimiento que le hacen, empieza a dudar de su asunto, y por ese motivo se equivoca consigo mismo y puede abandonar sus esfuerzos, si no se le abren los ojos a tiempo acerca de aquellos indignos manejos. Véase cómo la envidia de músicos alemanes se ha opuesto durante medio siglo a reconocer el mérito del gran Rossini; yo he sido una vez testigo de que en una gran sociedad filarmónica constituida, se cantó en son de burla el menú de la comida, a continuación de la melodía de su inmortal *Di tanti palpiti*. ¡Impotente envidia! La melodía sobrepujó y se tragó las palabras vulgares. Y así, en contra de toda la envidia, se han extendido por toda la tierra las encantadoras melodías de Rossini, y han regocijado a todos los corazones, como entonces, aun hoy, y por *saecula saeculorum*. Véase, además, cómo de cólera se les sube la sangre a la cabeza a los médicos alemanes, sobire todo a los críticos, cuando un hombre como Marshall Hall hace notar una vez que sabe que ha producido algo. La envidia es el signo seguro de la deficiencia, cuando va dirigida contra los méritos de la falta de los mismos. La conducta de la envidia respecto de los talentos excelentes la ha expuesto con suma habilidad mi excelente Baltasar Gradan en una detallada fábula; hállase en su Discreto, bajo el epígrafe Hombre de ostentación. En ella aparecen todos los pájaros excitados, y se con juran contra el pavo real con su rueda de plumas. Porque "si conseguimos que él no pueda hacer aquel alarde de sus plumas, le eclipsamos de todo punto su belleza, pues lo que no se ve es como si no fuese". Según esto, la virtud de la modestia ha sido inventada también únicamente para defensa contra la envidia. En mi obra he analizado que siempre son ruines los que buscan encarecidamente la modestia y los que se alegran acerca de la modestia de un hombre de mérito. La conocida y para muchos molesta frase de Goethe: "sólo los ruines son modestos", tiene ya un antiguo antecesor en Cervantes, que entre sus reglas de conducta para los poetas, añadidas en su Viaje al Parnaso, da ésta también: Que todo poeta a quien sus versos hubieran dado a entender que lo es, se estime y tenya en mucho, ateniéndose a aquel refrán: Ruin sea quien por ruin se tiene. Shakespeare, en muchos de sus sonetos, aunque sólo podía hablar de sí, declara por inmortal lo que escribe, con tanta seguridad como despreocupación. Un medio empleado a menudo por la envidia para desacreditar lo bueno que hasta en el fondo es sólo el reverso de ello, es la alabanza deshonesta y sin conciencia de lo malo; porque en cuanto adquiere valor lo malo, está perdido lo bueno. A pesar de ser tan eficaz durante algún tiempo este medio, especialmente cuando se emplea en gran escala, llega, sin embargo, por último, la época de saldar cuentas, y el crédito pasajero en que por este medio se habían puesto las malas producciones se paga con el permanente descrédito de los ruines alabadores del mismo; por lo cual les gusta permanecer anónimos.

Como amenaza el mismo peligro también a los que denigran y vituperan directamente lo bueno, aunque ya a mayor distancia, muchos son suficientemente listos para que se decidan a ello. Por eso la consecuencia primera de la presentación de un mérito es con frecuencia sólo el que todos los continuantes, tan profundamente molestados por ello como los pájaros por la cola del pavo real, se mantienen en un profundo silencio, con tal unanimidad como si se hubieran puesto de acuerdo; las lenguas de todos ellos están paralizadas: es el *silentium livoris* de Séneca. Con este silencio malicioso y perverso, cuyo *terminus technicus* se llama *ignorancia*, se pueden contentar mucho tiempo, cuando, como sucede en las ciencias elevadas, el público inmediato de semejante obra se compone sólo de continuantes y, por lo tanto, el gran público ejercita su derecho de sufragio sólo mediatamente por conducto de esos y no examina él mismo. Pero si una vez se rompe aquel *silentium livoris* por la alabanza, sólo raras veces se efectúa también esto sin todas las miras de los que manejan en este caso la justicia.

Cuando uno, en efecto, tiene que desprenderse de la gloria que da otro de su oficio o de uno semejante, sólo puede alabar a costa de su propio valer. A consecuencia de esto, los hombres no son ja de por sí inclinados ni están dispuestos de modo alguno a la alabanza y al elogio, pero sí a vituperar y maldecir, por lo cual se alaban a sí mismos indirectamente. Pero si ha de llegarse a lo primero, deben presidir otras consideraciones y motivos. Como en este caso no se puede hacer referencia al camino de oprobio del compañerismo, la consideración entonces eficaz es ésta: que lo que está más próximo del mérito de las obras propias es el verdadero aprecio y reconocimiento de las ajenas, según el triple orden de rango de las cabezas propuesto por Hesiodo y Macchiavello.

El que abandona, pues, la esperanza de imponer su pretensión de pertenecer a la primera clase, aprovechará gustoso la ocasión de ocupar un lugar en la segunda. Casi en esto descansa únicamente la seguridad con la cual puede esperar todo mérito su final reconocimiento. De esto resulta también que una vez reconocido el alto valor de una obra, y cuando ya no se puede ocultar ni negarlo, entonces se esfuerzan todos a porfía en alabarla y honrarla, porque, en efecto, sabiendo el dicho de Jenófanes: "tanto alaba cada uno cuanto espera poder imitar", se honran a sí mismos; por lo cual se apresuran a coger para sí lo que está más próximo al premio inaccesible para ellos, del primitivo mérito: la verdadera apreciación del mismo. Por eso resulta luego lo que en un ejército puesto en fuego, en el que, como antes al luchar, entonces al huir cada uno quiere ser el primero. Ahora, en efecto, se apresura cada cual a llevar su aplauso al reconocido digno del premio, igualmente en virtud de un reconocimiento, generalmente desconocido para él mismo, de la ley de homogeneidad citada arriba, a fin de que parezca en efecto que su manera de pensar y de mirar es igual a la del hombre célebre, y con objeto de salvar a lo menos la honra de su gusto, ya que no le dejen otra cosa.

Desde luego es fácil adivinar que la gloria es en verdad difícil de conseguir, pero una vez alcanzada fácil de conservar, lo mismo que una gloria que se consigue rápidamente se desvanece también con prontitud, y también en este caso se dice *quod cito fit, cito perit*; puesto que, como se comprende, las acciones cuyo valor conoce tan fácilmente la generalidad de los hombres y pueden dejar valer con tanta facilidad los contrincantes, tampoco están muy por encima de la facultad de producir de ambos. Porque *tantum quisque laudat, quantum se posse sperat imitari*. Además, según la tan citada ley de la homogeneidad, una gloria rápidamente alcanzada es una señal sospechosa, el aplauso directo de la muchedumbre. Pero lo que esto encierra en sí lo sabía Foción, cuando al estallar los aplausos populares en un discurso suyo, preguntó a los amigos que estaban próximos: "¿He dicho tal vez sin pensar algún disparate?" Por razones contrarias, una gloria que deba ser duradera tiene que madurar muy tarde, y los siglos de su duración hay que comprarlos generalmente con el aplauso de los contemporáneos. Porque lo que ha de permanecer tan duraderamente en estima, debe tener un acierto difícil de adquirir, que sólo para reconocerlo requiere cabezas que no existen en todo tiempo, y menos en número suficiente para poder hacerse escuchar, mientras la envidia siempre al acecho para todo lo posible para ahogar su voz. En cambio los méritos medianos que son pronto reconocidos, corren por eso el peligro de que su poseedor viva más que ellos y se sobreviva a sí mismo, de manera que para la gloria en la juventud le corresponda oscuridad en la vejez; mientras que los grandes méritos permanecen, por el contrario, mucho tiempo oscuros, pero alcanzando por ellos en la vejez gloria esplendente. Si se presentara esto, no obstante, después de la muerte, entonces hay que contarse entre aquellos de los que Jean Paul dice que la última unción es su bautismo y tienen que consolarse con los santos, que también no los canonizan hasta después de su muerte.

Es digno de notarse que esta regla tiene una confirmación en los cuadros, pues, como saben los peritos, las mejores obras no atraen en seguida las miradas, ni causan la primera vez impresión notable, sino tan sólo tras repetidas visitas; pero después la causan cada vez mayor.

Por lo demás, la posibilidad de una dignificación actual y exacta de producciones dadas, depende, en primer lugar, de la clase y especie de las mismas, según que, en efecto, sean éstas elevadas o bajas y, por lo tanto, fácil o difícil de comprender y juzgar, y según que tengan un público grande o pequeño. Esta última condición depende en gran parte de la primera, y en parte también de si las obras dadas son aptas para la reproducción, como los libros y las composiciones musicales. Por la complicación de estas dos condiciones, por lo tanto, las obras que no proporcionan ningún provecho, de las que sólo se puede tratar aquí, formarán, respecto de la posibilidad de pronto reconocimiento y aprecio de su valor, quizás la serie siguiente, en la que precede lo que puede esperar más rápidamente su exacta dignificación: volatineros, jinetes, bailarinas, prestidigitadores, actores, cantantes, músicos, compositores, poetas (ambos a causa de la reproducción de sus obras), arquitectos, pintores, escultores, filósofos; los últimos ocupan, sin comparación alguna, el último lugar, porque sus obras no proporcionan entretenimiento, sino sólo instrucción, y exigen al mismo tiempo conocimientos previos y mucho esfuerzo propio por parte del lector; por lo cual su público es sumamente pequeño, y su gloria adquiere mucha más extensión a lo largo que a lo ancho. En general, la gloria está, respecto de la posibilidad de su duración, poco más o menos en razón inversa que respecto a la de su pronta presentación; de modo que, según esto, la serie anterior tendría valor en sentido inverso; sólo que entonces los poetas y los compositores, a causa de la posibilidad del eterno mantenimiento de todas las obras escritas, ocuparían el lugar siguiente al de los filósofos, a los que corresponde entonces el primer lugar, a causa de la mayor rareza de las producciones en este ramo, de la alta importancia de las mismas y de la posibilidad de su casi completa traducción a todos los idiomas. Hasta a veces sobrevive la gloria de los filósofos a sus mismas obras, como ha sucedido a Tales, Empédocles, Heráclito, Demócrito, Parménides, Epicuro y otros más.

Pero las obras que sirven al provecho o hasta inmediatamente al goce, no bailan ninguna dificultad para su exacta dignificación, y un excelente pastelero no permanecerá mucho tiempo oscuro en ningún pueblo, sin que necesite apelar a la posteridad para ello.

A la gloria que se presenta pronto hay que añadir también la falsa, es a saber: la artificial, la gloria de una obra proporcionada por alabanza injusta, buenos amigos, críticos comprados, indicaciones de arriba y convenios de abajo, presuponiendo verdadera falta de juicio en la multitud. Se asemeja a las vejigas, con las que se hace nadar un cuerpo pesado. Lo llevan largo o corto tiempo, según que estén bien hinchadas y atadas fuertemente; pero el aire se filtra no obstante poco a poco, y al fin el cuerpo se hunde. Esta es la inevitable suerte de las obras que no tienen el origen de su gloria en sí; la falsa alabanza deja de sonar, los convenios se acaban, el perito halla la gloria no justificada, ésta se apaga y un desprecio mayor ocupa su lugar. En cambio, las verdaderas obras que tienen el origen de su gloria en sí, y que, por lo tanto, son capaces de excitar de nuevo en cualquier tiempo la admiración, semejan a los cuerpos específicamente ligeros, que con medios propios se mantienen siempre arriba, y así descienden la corriente del tiempo.

Toda la historia de la literatura de las Edades Antigua y Moderna no puede presentar ningún ejemplo de gloria falsa que pueda colocarse al lado de la filosofía hegeliana. Nunca ni en ninguna parte ha sido ensalzado lo completamente malo, lo palpablemente falso, lo absurdo, lo manifiestamente disparatado, lo repugnante y asqueroso con tal descaro que subleva, cual la más elevada sabiduría y lo más magnífico que ha visto jamás el mundo, como aquella seudo-filosofía desprovista por completo de valor. No necesito decir que el sol brilla para demostrar esto. Pero, nótese bien, ya se ha terminado con el más completo éxito entre el público alemán; en eso está la vergüenza. Más de un cuarto de siglo ha pasado por verdadera aquella gloria descaradamente mentida, y ha florecido y regido en la república alemana de los sabios la bestia triunfante tanto, que hasta los pocos enemigos de esa tontería no se atrevieron a hacer otra cosa que hablar del miserable autor de la misma como de un genio extraordinario y de gran talento con las más profundas reverencias. En la historia de la literatura figurará este período como una permanente mancha de vergüenza para la nación y la época, y será la burla de los siglos. Naturalmente, están en libertad las épocas y los individuos de alabar lo malo y despreciar lo bueno; pero la Némesis alcanza a los unos como a los otros, y la campana de la deshonra no dejará de sonar. En la época en que el coro de barateros camaradas extendían la gloria y los inicuos disparates de aquel filosofastro que turbaba las cabezas, se hubiera debido comprender ya por todo el mundo el modo y la manera de aquella alabanza si en Alemania hubieran sido en cierto modo perspicaces, que provenía sólo de intención y en ningún modo de la comprensión. Porque se extendió inmensa y en abundancia superabundante hacia los cuatro puntos cardinales; borboteaba en todo lugar de la abierta boca, sin detenerse, incondicionalmente, sin disminución ni medida, hasta agotar las palabras. Y no contentos aún con su peán de muchas voces, aquellos alabarderos que estaban en fila buscaban todavía angustiados todos los granitos de alabanza extraña y no falsificada para recogerlos y elevarlos a lo alto. En efecto, donde un hombre célebre habíase visto obligado a decir una palabrita de aprobación por cumplimiento, o sacada por la astucia, o se le había escapado por casualidad, o donde hasta un contrario lo había endulzado con una de sus críticas, temerosa o compasivamente… allí corrían todos para recogerla y mostrarla en triunfo. Así alaban por la recompénsalos asalariados que esperan algo, los alabarderos pagados y los facciosos literarios conjurados solamente para la intención. En cambio la alabanza que proviene de comprensión tiene un carácter completamente distinto. Así lo expresó Feuchtersleben: "la gente trabaja y se esfuerza no poco para dejar de alabar lo mucho bueno".

Viene aislada y medida avaramente; se pesa por adarmes, y aun va mezclada con restricciones; de modo que el que recibe puede decir: "humedece sus labios, pero no su paladar". Y sin embargo, el que la reparte se separa de ella de mala gana. Porque es una recompensa impuesta contra su voluntad a la roma, áspera, ruda, y además envidiosa medianía, imposible de ocultar más tiempo por la grandeza de los verdaderos méritos; es el laurel que, como cantó Klopstock, era digno del sudor de los nobles; es, como dice Goethe, el fruto "de aquel valor que pronto o tarde vence la resistencia vil del mundo necio." Según esto, hállase con aquella descarada adulación de los que llevan sus miras en la misma relación que la querida noble y sincera con la prostituta callejera y pagada, cuyo espeso albayalde y bermellón se debía haber reconocido en seguida en la gloria hegeliana, si, como he dicho, en Alemania hubieran sido algo perspicaces. Entonces no se hubiese realizado, para deshonra nacional, de una manera tan escandalosa lo que ya Schiller ha cantado: "vi de la gloria la inmortal corona en la frente plebeya colocada".

La gloria de Hegel, recogida aquí como ejemplo de falsa reputación, es, en verdad, un hecho sin igual hasta en Alemania; por eso invito a las bibliotecas públicas a que conserven cuidadosamente momificados todos los documentos del mismo, tanto la *opera omnia* de dicho filosofastro, como la de sus adoradores, para enseñanza, advertencia y regocijo de la posteridad, y como un monumento conmemorativo de esta época y de este país.

Pero también, si se extiende más la mirada y se considera *la alabanza de los contemporáneos* de todas las épocas en general, se hallará que ésta es siempre una ramera mancillada por miles de indignos a los que les ha cabido en parte. ¿Quién podría desear aún a una prostituta semejante? ¿Quién, estar orgulloso de sus favores? ¿Quién no la despreciará? En cambio, *la gloria de la posteridad* es una hermosa altiva y desdeñosa que se entrega solamente al vencedor, al héroe extraordinario. Así es. Hay que deducir de esto el mal estado de esta raza bípeda, puesto que se requiere la edad de un hombre, a veces siglos, para que de entre sus millones se reúna un puñado de cabezas que sean capaces de diferenciar lo bueno de lo malo, lo legítimo de lo ilegítimo, el oro del cobre, y que se llama por eso el tribunal de la posteridad.

Y aun éste tiene en su favor la circunstancia de que entonces han enmudecido la irreconciliable envidia de la incapacidad y la intencionada lisonja de la vileza, por lo cual le llega la vez a la comprensión.

¿Y no vemos en todas las épocas, conforme con la miserable naturaleza antedicha del género humano, a los grandes genios, sea en la poesía, sea en la filosofía o en las artes, mantener ellos solos, como héroes aislados contra el ímpetu de un numeroso ejército, el desesperado combate? Porque la falta de comprensión, la rudeza, torpeza, simpleza y brutalidad de los más, de la gran mayoría, están eternamente en todas las artes en contra de su acción, y forman, por lo tanto, aquella multitud enemiga bajo la cual, por último, sucumben. Por mucho que produzcan tales héroes aislados, se reconocen difícilmente y tarde, y sólo bajo autoridad se aprecian y rechazan de nuevo fácilmente. Porque siempre se saca nuevamente a plaza contra ello lo falso, lo trivial y lo ridículo que le gusta más a aquella gran mayoría, quedando dueño del campo, por lo tanto, la mayor parte de las veces. Puede estar ante ella el crítico, y gritar como Hamlet cuando presenta los dos retratos a su indigna madre: a "¿Tenéis ojos? ¿Tenéis ojos?" ¡Ay, no tienen? Cuando considero a los hombres gozando de las obras de los grandes maestros, me recuerdan a los monos preparados para la llamada comedia, que accionan, en verdad, con bastante semejanza a los hombres, pero que, sin embargo, delatan siempre que no comprenden el principio propio e íntimo de aquellos ademanes, dejando entrever la naturaleza irracional.

A causa de todo esto, hay que interpretar la frase usada con frecuencia de que uno "se adelanta a su siglo", en el sentido de que se adelanta a la humanidad en general, por lo cual sólo es comprendido inmediatamente por aquellos que ya se encuentran a considerable altura sobre el nivel de las aptitudes comunes; pero éstos son demasiado escasos para que pueda haber en cada época una porción de ellos. Por lo tanto, si aquél no se halla favorecido por la suerte, es desconocido por su siglo; es decir, permanece sin valor hasta que el tiempo ha reunido paulatinamente las voces de las pocas cabezas capaces de juzgar una obra de elevada especie. Entonces se dice en la posteridad: "este hombre se adelantó a su siglo", en vez de "a la humanidad"; ésta, en efecto, le colgaría de buena gana su culpa a un siglo solo. De esto se deduce que el que se ha adelantado a su siglo se hubiera adelantado también a cualquier otro, a no ser que en alguno de ellos, por una rara casualidad, hubieran nacido juntamente con él algunos críticos capaces y justos en el género de sus producciones, como, según un hermoso mito indio, cuando Wisnú se encarne en héroe, vendrá al mundo al mismo tiempo Brahma como cantor de sus hazañas; por eso precisamente Valmiki, Uyasa y Kalidasa son encarnaciones de Brahma. En este sentido se puede decir que toda obra inmortal pone a prueba a su época para ver si estará en estado de reconocerla; en la mayor parte de los casos no da la prueba mejor que los vecinos de Filemón y Bancis, que cerraron la puerta a los dioses desconocidos. Según eso, la verdadera medida del valor intelectual de una época no la dan los grandes genios que en ella aparecen, porque sus aptitudes son obra de la Naturaleza, y la posibilidad del desarrollo de las mismas han estado a la merced de circunstancias casuales, sino que la dala acogida que sus obras han bailado entre sus contemporáneos, es a saber: si les cupo en suerte un pronto y vivo aplauso o uno tardío y difícil, o si quedó completamente abandonado a la posteridad. Esto será especialmente el caso cuando sean obras de un género elevado. Porque el caso feliz citado arriba no se presentará, con tanta mayor seguridad cuanto menor sea el número de los que comprendan el género en que trabaja un gran genio. En esto consiste la inmensa ventaja en la que se bailan respecto de su gloria los poetas, porque son accesibles a casi todos. Si Walter Scott sólo hubiera podido ser leído y juzgado por unas cien personas, hubiese sido preterido tal vez a cualquier escritor trivial, y después le hubiera cabido en suerte la honra de haberse adelantado a su siglo. Pero si además a la incapacidad de aquellas cien cabezas, que tienen que juzgar una obra en nombre de sus contemporáneos, se unen la envidia, la falta de sinceridad y las miras personales, entonces tiene la triste suerte de aquel que aboga ante un tribunal cuyos jueces todos están comprados.

En conformidad con esto, la historia de la literatura muestra, en general, que aquellos que han aprovechado para sus fines hasta sus luces y conocimientos, han permanecido desconocidos y abandonados, mientras los que se dieron importancia sólo con la apariencia de los mismos, han obtenido la admiración de sus contemporáneos, más los emolumentos.

Porque la actividad de un escritor está condicionada, en primer término, por el hecho de que consiga la fama de que hay que leerle. Pero esta fama la alcanzarán antes mediante artes, casualidad y afinidad electiva cien indignos de ella, mientras uno digno la obtiene despacio y tarde. Aquéllos, en efecto, tienen amigos, porque el vulgo siempre existe en gran cantidad, y se mantiene estrechamente unido; éste, en cambio, sólo tiene enemigos, porque la supremacía del espíritu es en todas partes y en todas las circunstancias lo más odiado en el mundo, y mucho más entre los chapuceros del mismo oficio, que quisieran ellos mismos pasar por algo. Si acaso supusieran los profesores de Filosofía que con esto se hace referencia a ellos y a su táctica contra mis obras, mantenida durante más de treinta años, lo han acertado.

Como consecuencia de todo esto, resulta que para producir algo grande, algo que sobreviva a su generación y a su siglo, es condición fundamental que no se tenga en cuenta a los contemporáneos, juntamente con sus pareceres, sus modos de ver y el vituperio o alabanza que de ellos resulten. Sin embargo, esta condición se presenta por sí misma en cuanto los otros están juntos; y esto es una dicha. Porque si quisiera uno al producir tales obras tener en cuenta el parecer general o el juicio de los peritos en la materia, se apartaría a cada paso del camino recto. Por eso, el que quiere llegar a la posteridad, debe sustraerse al influjo de su época; pero también renunciar a su influjo sobre su época y estar dispuesto a comprar la gloria de los siglos con el aplauso de los contemporáneos.

En efecto: cuando viene al mundo alguna verdad nueva y paradójica fundamental, se opondrán a ello, en general, seriamente, y si es posible mucho tiempo, y hasta la negarán cuando ya se dude y esté casi aceptada. Sin embargo, ella trabaja en silencio continuamente y corroe a su alrededor como un ácido hasta que todo esté socavado; entonces se oye de vez en cuando un estallido, el antiguo error se derrumba, y luego se presenta, como un monumento acabado de descubrir, el nuevo edificio de ideas, reconocido y admirado por todos. Naturalmente, suele ir esto muy despacio. Porque la gente se da cuenta de a quién hay que escuchar, por regla general, cuando ya no existe; de modo que el *hear, hear!* resuena cuando el orador ya se ha retirado.

En cambio, a las obras de poca monta les espera mejor suerte. Se producen en el curso de la ilustración común de su época, y en conexión con ella; están, por lo tanto, estrechamente unidas al espíritu de la época, es decir, a las opiniones precisamente reinantes y calculadas para la necesidad, del momento. Cuando tienen, por lo tanto, algún mérito, se reconoce éste muy luego, y pronto son como copartícipes en la época de ilustración de sus contemporáneos; se les hará justicia, y hasta a veces aún más, dando poca materia a la envidia; puesto que, como se ha dicho, *tantum quisque laudat quantum se posse operat imitari.* Pero aquellas obras extraordinarias que están destinadas a pertenecer a toda la humanidad y a vivir siglos, llevan ya al producirse gran delantera, y precisamente por eso son extrañas a la época de cultura y al espíritu de su tiempo. No pertenecen a él; no forman parte de su conjunto; no obtienen, por lo tanto, ningún interés del que se comprende en el mismo. Pertenecen, pues, a otro grado más elevado de cultura y a otra época que está aún lejos. Su elíptica está con la de aquellas otras en la misma relación que la de Urano con la de Mercurio. No se les hace, pues, por el momento justicia alguna; no se sabe qué hacer con ellas; se las deja, para continuar el paso lento de tortuga. El gusano tampoco ve al ave en el aire.

El número de libros en un idioma estará en relación con el de aquellos que se convierten en parte de su literatura propia y perdurable, próximamente como 100.000 y 1. ¡Y qué desdichas ha de soportar este 1 que pasando por entre los 100.000 llega al sitio de honor que le corresponde! Son todos ellos obras de cerebros no comunes, y por eso distintas específicamente de las otras, cosa que tarde o temprano se pone de manifiesto. No se crea que se mejorará alguna vez esta marcha de las cosas. La miserable condición del género humano adquiere, es verdad, en cada generación un aspecto algo diferente; pero es siempre la misma. Los genios extraordinarios raras veces se abren paso durante su vida, porque en el fondo sólo son comprendidos verdaderamente por sus afines.

Como el camino de la inmortalidad, de entre tantos millones, raras veces lo recorre uno, debe ser muy solitario, y el viaje a la posteridad se hace por una región semejante a los desiertos de la Libia, de cuyo efecto, como se sabe, nadie tiene una idea más que el que los ha visto. Sin embargo, recomiendo para este viaje pocos bagajes; porque si no, hay que tirar demasiadas cosas en el camino. Recuérdese siempre la sentencia de Baltasar Gracián: *lo bueno, si breve, dos veces bueno*; lo cual debe recomendarse sobre todo a los alemanes.

En el corto espacio de tiempo en que viven les sucede a los grandes genios lo que a los grandes edificios que están en una plaza poco amplia. No se les aprecia bien porque se está demasiado cerca, y por causa análoga no se perciben aquéllos; pero cuando hay entre medio un siglo, entonces se reconocen y se desean.

Hasta el mismo curso de la vida del pasajero hijo de la época, que ha producido una obra también pasajera, muestra respecto de éste una gran falta de relación, análoga a la de la madre mortal, como Semele o Maya, que ha parido un hijo inmortal, o al contrario, Tetis respecto de Aquiles. Porque lo pasajero y lo permanente están en una contradicción demasiado grande. Su corte espacio de tiempo, su precaria, oprimida e inestable vida, permitirá raramente que vea ni siquiera el principio de la brillante carrera de su hijo inmortal o que pase por algo de lo que es. Sólo que un hombre de gloria *a posteriori* es lo contrario de un noble, que es un hombre de gloria *a priori*.

Sin embargo, para el hombre célebre la diferencia de la gloria de que goza entre sus contemporáneos y la que tiene en la posteridad es que en la primera sus admiradores están separados de él por la gloria y en la otra por el tiempo. Porque a la vista no la tiene tampoco en la gloria de los contemporáneos, por regla general. Su admiración, en efecto, no soporta la proximidad, sino que se mantiene casi siempre lejos; porque con la presencia personal del admirado se derrite como la manteca al sol. Según esto, estimarán al ya célebre entre los contemporáñeos nueve décimas partes de los que viven cerca de él, sólo según la medida de su estado y hacienda; y en todo caso en la otra décima parte existirá una oscura conciencia de sus ventajas, a causa de una noticia venida de lejos. Acerca de esta incompatibilidad de la admiración con la presencia personal y de la gloria con la vida tenemos una muy hermosa carta de *Petrarca*; en la edición veneciana que tengo a la vista, de 1492, de sus *Epistolae familiares*, es la segunda y está dirigida a Tomás Massanensis.

Dice, entre otras cosas, que todos los eruditos de su tiempo tenían la manía de menospreciar todos los escritos cuyos autores hubieran visto siquiera una sola vez. Si, según eso, los altamente célebres están, respecto del reconocimiento y admiración, relegados a la lejanía, puede ser, lo mismo la temporal, como la del espacio. Naturalmente reciben a veces noticias de ésta, pero nunca de aquélla; por eso, en cambio, el mérito verdadero y grande se halla en el caso de anticipar con seguridad su gloria en el tiempo venidero. Más aún: el que produce un pensamiento verdaderamente grande, comprende ya en el momento de la concepción del mismo su conexión con las razas que se sucederán; de manera que siente en ello la extensión de su existencia a través de los siglos, y de este modo vive para la posteridad y también con ella.

Cuando, por otra parte, penetrados por la admiración de un gran genio, cuyas obras nos acaban de ocupar, deseamos aproximárnoslo, verlo, hablarle y tenerlo entre nosotros, no permanece sin correspondencia este anhelo; porque también él ha anhelado una posteridad reconocedora, que le diera la honra, el agradecimiento y el amor que le negaron los envidiosos contemporáneos.

75

Si, pues, las obras del espíritu más elevadas sólo hallan reconocimiento ante el tribunal de la posteridad, hay preparada una suerte contraria a ciertos brillantes errores que, partiendo de hombres de talento, se presentan al parecer tan fundados y son defendidos con tanta comprensión y conocimiento, que entre sus contemporáneos alcanzan gloria y fama, y a lo menos mientras viven sus autores se mantienen en ellas. De esta clase son varias teorías falsas, críticas falsas, poesías falsas también y obras de arte guiadas por una preocupación del tiempo o por puntos de vista falsos. La fama y el valor de todas estas cosas descansa en que aun no existen los que saben refutarlas o probar de algún modo su falsedad. Sin embargo, generalmente lo trae esto ya la próxima generación, y entonces concluye la maravilla. Sólo en casos aislados tarda esto mucho tiempo, como por ejemplo ha ocurrido con la teoría de los colores de Newton; otros ejemplos de esta clase son el sistema astronómico de Ptolomeo, la química de Stahl, la disputa sobre la personalidad e identidad de Homero, de F. A. Wolf, tal vez la destructora crítica de Niebuhr de la historia de los reyes romanos, etc.

Así, resulta, pues, el tribunal de la posteridad, tanto en los casos favorables como en los adversos, la justa sala de casación de los juicios de los contemporáneos. Por eso es tan difícil y tan raro contentar al mismo tiempo a los contemporáneos y a la posteridad.

Esta acción ineludible del tiempo sobre la corrección del conocimiento y del juicio, tendría uno que tenerla en absoluto ante la vista para tranquilizarse siempre que, ya en las artes y las ciencias o en la vida práctica, se presenten y prosperen grandes errores, o que tome valor y los hombres den sus aplausos a un falso y hasta fundamentalmente equivocado principio y acción. No debe uno, pues, perder los estribos, sino pensar que ya volverán de su acuerdo, y que sólo se necesita tiempo y experiencia para conocer uno mismo, con medios propios, lo que el más perspicaz vidente adivinó a primera vista.

Cuando la verdad habla desde el conjunto de los hechos de las cosas, no hace falta acudir con palabras en su auxilio; el tiempo le ayudará con mil lenguas. Este tiempo está, naturalmente, en proporción con la dificultad del asunto y de la apariencia de lo falso; pero también él pasará, y muchas veces sería infructuoso el querer abrirle paso. En el peor caso, sucederá últimamente, en lo teórico como en lo práctico, donde la mentira y el engaño han cobrado una cierta osadía por el éxito favorable, que se extenderán más y más, hasta que se presente casi inevitablemente el descubrimiento. Así, en efecto, crece cada vez más también en lo teórico lo absurdo mediante la ciega confianza de los tontos, hasta que el ojo más torpe lo adivina. Por eso hay que decir en tales casos: ¡cuanto más loco, mejor! También puede uno confortarse echando una mirada retrospectiva a todas las patrañas y locuras que tuvieron su época, y que han sido arrinconadas por completo. En el estilo, en la gramática y en la ortografía las hay, a las que sólo les está concedida una vida de tres a cuatro años. En las mayores, tendrá uno que lamentar, naturalmente, la brevedad de la vida humana; pero se hará siempre bien permaneciendo detrás de su época, cuando se ve que ella misma ha empezado a retroceder. Porque hay dos modos de no estar *au uiveau de son temps* (al nivel de su época): estando debajo o estando encima.